做自己的律师

丛书主编/韩文生

以案说法

——劳动纠纷法律指引

刘　涛 主编

中国言实出版社

图书在版编目（CIP）数据

以案说法.劳动纠纷法律指引 / 刘涛主编. -- 北京：中国言实出版社，2025.1. --（做自己的律师 / 韩文生主编）. -- ISBN 978-7-5171-4978-1

Ⅰ.D920.5

中国国家版本馆CIP数据核字第2024BW3462号

以案说法——劳动纠纷法律指引

责任编辑：代青霞
责任校对：王战星

出版发行：中国言实出版社
　　地　址：北京市朝阳区北苑路180号加利大厦5号楼105室
　　邮　编：100101
　　编辑部：北京市海淀区花园北路35号院9号楼302室
　　邮　编：100083
　　电　话：010-64924853（总编室）　010-64924716（发行部）
　　网　址：www.zgyscbs.cn　电子邮箱：zgyscbs@263.net

经　　销：新华书店
印　　刷：北京铭传印刷有限公司
版　　次：2025年1月第1版　　2025年1月第1次印刷
规　　格：880毫米×1230毫米　　1/32　　9.75印张
字　　数：261千字

定　　价：68.00元
书　　号：ISBN 978-7-5171-4978-1

丛书编委会

主　任

韩文生

副主任

许身健

编委（以姓氏笔画排序）

丁亚琪　乌　兰　刘　涛　刘炫麟

刘智慧　苏　宇　李　晓　李　琳

范　伟　赵　霞　臧德胜

本书编委会

主 编

刘 涛

副主编

卢 伟 曹 冉

撰稿人（以姓氏笔画排序）

王 露 朱庆月 乔临芳 刘冰艳

许文实 杜 菁 宋 琳 葛舰阳

韩飞龙

总　序

在建设法治中国这一波澜壮阔的历史征程中，每个公民不仅是其辉煌历程的见证人，更是积极参与、奋力推动其前行的中坚力量。面对法治时代的召唤，我们如何自处？答案既简单又深远：既要成为遵纪守法的模范公民，又要勇于并善于拿起法律武器，捍卫自身合法权益。这一使命，可概括为以下四个方面：

一是树立法治意识。这是心灵深处的法律灯塔，照亮公民对法律的认知之路。它不仅是对法律规则的敬畏与尊重，更是内化为日常行为的自觉遵循，其强弱直接关系到法治社会的建设成效。

二是培养法治思维。这是开启法律智慧大门的钥匙，引领我们从法治的视角审视世界、解决问题，是推动社会公正与和谐的重要力量。

三是提升法治能力。这不仅是具备从法律视角发现问题、分析问题、解决问题的能力，还体现在能够依法处理各类法律事务上。随着国家治理体系和治理能力现代化的推进，法治能力是每个公民不可或缺的。

四是依法维护自身合法权益。法律，是公民权利的守护神。

在权益受到不法侵害时，我们不应选择沉默或妥协，而应勇敢地拿起法律武器，捍卫自己的尊严与权益。通过学习法律知识，了解法律程序，我们能够更加自信地面对挑战，确保自己的合法权益不受侵犯。

这套"做自己的律师"丛书，正是基于这样的理念与使命而诞生。它汇聚了我们身边一些常见的、真实的、典型的法律案例，通过深入解析，全方位、多角度地满足读者学习法律的需求。

丛书共9册，包括婚姻家庭继承、侵权、消费者权益保护、物权、合同、公司、劳动、刑事、行政等法律领域，为读者提供了全面而深入的法律指引。

我坚信，这套丛书将成为读者提升法治意识、培养法治思维、增强法治能力、依法维护自身合法权益的得力助手。书中丰富的案例，如同明灯一般，为读者提供可借鉴、可参考的解决方案，让法律不再是遥不可及的概念，而是触手可及、切实可行的行动指南。

我深信，当您细细品读本套丛书之时，定能更深刻地领悟法律之精髓，体会法治之真谛。在这一过程中，您将获得法律知识的全面滋养，清晰界定自己在法律框架中的位置，明确自身权利、义务与责任，从而在面对生活与工作的种种情境时，能够更加自信、有力地捍卫自己的合法权益。

本套丛书的作者包括中国政法大学的专家、学者和司法实践经验丰富的律师、法官等。尽管每位成员的工作均极为繁重，但他们以法律普及为己任，不辞辛劳，甘愿牺牲个人休息时间，夜以继日，只为将法律的精髓与智慧凝结成册，按期呈现给广大读者。在此，特向他们致以衷心的感谢！

本套丛书不仅对社会大众读者广有裨益，而且对从事立法、行政执法、司法、纪检监察、律师、公证、基层法律服务、法学教研、社区和村民自治等相关工作的人士同样具有重要参考价值。

愿法律与您同在，愿法治与您同行！

韩文生

中国政法大学法硕学院党委书记

前　言

　　劳动，是文明进步的源泉，是社会发展的基石。劳动法律作为保障劳动者权益、规范劳动关系的重要法律体系，对于每一位劳动者而言都至关重要。尊重并保护劳动者的合法权益，不仅是社会主义法治精神的体现，更是国家尊重和保障人权的具体实践。然而，在劳动关系的构建与运行过程中，法律知识的普及和实际应用往往成为劳动者维护自身权益的关键。为此，我们编写了这本《以案说法——劳动纠纷法律指引》，旨在为广大劳动者提供一本通俗易懂、实用性强的劳动法律普及读物，帮助读者更好地了解和维护自己的合法权益。

　　劳动法律涉及的内容广泛而复杂，从劳动合同的订立到劳动报酬的支付，再到社会保险与福利的享受，以及劳动合同的变更、解除与终止等，每一个环节都关系到劳动者的切身利益。本书共分为7章，涵盖了劳动合同的订立、劳动报酬、社会保险与福利、劳动合同的变更、劳动合同的解除与终止、服务期与竞业限制以及劳动争议的处理等劳动法律关系的各个方面，旨在帮助读者掌握劳动法律的基本知识和实际操作技巧。

　　在第一章"劳动合同的订立"中，我们将带领读者深入了解劳动合同订立过程中的常见问题，如非法用工维权、就业歧视、劳动诚信原则、劳动合同试用期等，帮助读者在就业之初就为自己筑起一道法律保护屏障。第二章"劳动报酬"则重点分析工资支付过程中的常见问题，包括最低工资标准、加班费、未休年假工资、年终奖、绩效奖金等，让劳动者明白自己的劳动价值如何得到合理的回报。第三章"社会保险与福利"详细介绍用人单位缴纳社保的法定义务、工伤认定、产假待遇、侵权赔偿与工伤待遇竞合、年假、病假等，帮助读者了解并享受应有的保险和福利待遇。第四章"劳动合同的变更"讲解了工作地点的变更、不胜任工作的认定、工作岗位的调整等，为劳动者在职业生涯中的变化提供法律指引。第五章"劳动合同的解除与终止"则对用人单位解除劳动合同的程序合法性进行了详细阐述，并对试用期解除、解除通知书内容、医疗期劳动合同的终止、离职前职业健康检查、劳动者辞职、离职手续和档案转移、劳动者过错赔偿责任等问题进行了详细阐述，为劳动者在离职时提供法律保障。第六章"服务期与竞业限制"主要讲解约定服务期的条件、服务期期限，以及竞业限制的范围、期限和补偿标准等，帮助劳动者在职业发展中了解服务期和竞业限制规避潜在的法律风险。最后一章"劳动争议的处理"则详细介绍了劳动争议案件的管辖、仲裁时效、举证责任的承担、和解协议的效力等，为劳动者在遭遇劳动纠纷时提供法律支持。

本书每一章节的体例结构均为"案例简介＋以案说法＋专家建议＋关联法条"，主要从常见的劳动法律问题出发，结合具体司法案例和相关法律法规进行详细分析，并根据我们的实践经验给出建议，以供广大读者参考。在选择案例时，为了增强案例的普适性，我们通常优先选择各级人民法院发布的指导性案例、行业内较为典型的案件以及其他具有较大影响力的案件。此外，为了便于查阅，本书在每章内容后对于相关法条进行了汇总列举，以便读者查询。

在编写本书的过程中，我们力求做到言简意赅、通俗易懂，避免使用过于专业的法律术语，让每一位读者都能轻松理解并掌握劳动法律的核心内容。同时，我们也注重实用性和操作性，通过案例分析和法律条文解读，帮助读者更好地运用法律知识解决实际问题。

本书旨在成为劳动者维护自身权益的实用手册，同时也是用人单位遵守劳动法律法规、构建和谐劳动关系的参考指南。我们希望通过本书的传播，让更多的人了解劳动法律、运用劳动法律，共同推动社会主义法治建设，为维护社会和谐稳定贡献力量。

愿每一位劳动者都能在法治的阳光下，享有公平、正义和尊严，做自己的律师，守护自己的权益。

本书编委会

2024 年 2 月

目 录

第一章　劳动合同的订立

第二章　劳动报酬

第三章　社会保险与福利

第四章　劳动合同的变更

第五章　劳动合同的解除与终止

第六章　服务期与竞业限制

第七章 劳动争议的处理

第一章　劳动合同的订立

劳动者被非法用工单位雇佣后如何维权

一般情况下，用人单位作为法定的市场主体，应当符合法律规定的主体资格要求，领取营业执照，并独立行使权利和履行义务。实际操作上，常有用人单位无营业执照，未经依法登记、备案或者被依法吊销营业执照或撤销登记、备案，这些"单位"称为非法用工单位。若劳动者囿于信息的不对称或者法律意识的欠缺等因素而忽略了对用人单位主体资格的审查，则很容易导致自身权益的损害，也不利于后续的维权。

一、案例简介 ①

（一）基本案情

2012 年 9 月 27 日，杨某在庞某、余某开办的宁波某 KTV 工作，每月工资为 1700 元。该公司只进行了预先核准，未进行设立登记，也未经过法定的工商登记，不具备经营主体资格。

2012 年 10 月 10 日晚，杨某在该 KTV 工作时不慎从工作地的平台上坠落而受伤。事故发生后，杨某被送往医院住院治疗，并自己支付了医药费。且杨某在工作期间未获得劳动报酬。在治疗结束后，杨某办理了劳动能力鉴定，鉴定结果为八级伤残，但双方一直未能就赔偿数额协商一致。无奈之下，杨某提起劳动仲裁，

---

① 详可参见浙江省宁波市中级人民法院（2014）浙甬民一终字第 152 号。

仲裁委员会以被申请人主体不适格为由出具了不予受理案件通知书。杨某遂在仲裁后提起诉讼，要求庞某和余某赔偿一次性赔偿金、医疗费、住院伙食补助、营养费、护理费和停工留薪期工资等。

（二）案件结果

1. 一审判决

一审法院认为，庞某和余某开办的 KTV 未经设立登记，承担责任的主体并不存在，不具备诉讼主体资格，应将出资人列为当事人，即由庞某和余某承担法律责任，故判令庞某与余某共同承担各项赔偿责任，合计 202393.47 元。

2. 终审判决

二审法院事实上支持一审法院就该类事实争议在案由与赔偿责任主体上的认定，并积极组织调解，最终在二审阶段达成调解，由庞某与余某共同支付部分补偿费用后实现了结案。

二、以案说法

本案争议的焦点问题，即用工责任的主体确定。很明显，本案中的 KTV 因不具备经营主体资质，所以无法自行承担用工主体责任。且 KTV 不具备经营主体资质的原因归于其开办者，并由其负责实际的经营管理，同时享受对应的经营收益，故只能由开办者共同承担用工管理的赔偿责任，从而实现对伤者的有效救济与赔偿，彰显法律的公平正义。

（一）用人单位主体资格的审查

在我国，根据《中华人民共和国民法典》（以下简称《民法典》）的规定，能够作为民事主体的有自然人、法人和非法人组织。关于《中华人民共和国劳动合同法》（以下简称《劳动合同法》）中对于用人单位的认定，中华人民共和国境内的企业、个体经济组织、民办非企业单位等组织都可以成为用人单位的主体。为此，从劳动者角度，只要该单位系依法注册的单位，即具备用人单位的主体资格。劳动者可以通过国家企业信用信息公示系统或者具备工商信息查询功能的应用程序对用工主体的登记信息进行验证。如无法查验，则劳动者应当在入职前慎重考虑。

（二）劳动者对于非法用工的权利救济

拘泥于用工主体的约束，完全否认不具备民事主体资格的单位与劳动者之间存在劳动关系，不利于保护劳动者弱势一方。就不合格主体的劳动关系适用民法与适用劳动法比较，适用劳动法更有利于保护劳动者利益，而适用民法一般会使用工成本有所降低。非法用工主体由于违反工商登记的规定，理应受到行政处罚，但行政违法行为不必然影响到其民事行为的效力。劳动者作为非法用工关系中的相对方，并不存在任何过错，不应因非法用工主体的违法行为而导致他们不受《劳动合同法》的保护。为此，《劳动合同法》第93条明确作出了规定，对于不具备合法经营资格的用人单位，若劳动者已经付出劳动或者遭受其他损害的，仍然可以要求该单位或者其出资人承担上述责任。对于受伤后的赔付待遇问题，劳动者可以依据《非法用工单位伤亡人员一次性赔偿办法》的规定进行维权。

三、专家建议

作为劳动者，应增强自身的权利意识和法律意识，维护自身的合法权益，在入职前及时审查用人单位的主体资格，积极参加社会保险，在发现遭遇非法用工后积极收集相关的证据通过法律途径进行依法维权。

当然，对于用人单位或者所谓的出资人，更应当按照监管规定的要求，及时办理相应的工商注册登记，成立法律所认可的单位进行经营，这不仅是法律的要求，更是实现长期经营发展的基础，也能因此而给出资人减少个人层面的法律责任与风险。

四、关联法条

《工伤保险条例》第 66 条；

《非法用工单位伤亡人员一次性赔偿办法》第 3 条；

《最高人民法院关于审理劳动争议案件适用法律问题的解释（一）》第 29 条；

《中华人民共和国劳动合同法》第 93 条。

劳动者在应聘过程中常见的就业歧视情形以及维权路径

公民享有劳动的权利，也有劳动的义务。近些年来，国家在保护劳动者的平等就业方面也加大了力度，严厉打击各类就业歧视的违法行为。然而，在目前的实际情况中，用人单位仍会基于各种原因实施形形色色的歧视，从而侵害了劳动者的合法权益，逼迫劳动者不得不通过法律途径进行依法维权。

一、案例简介①

（一）基本案情

2019 年 7 月，浙江某公司通过某网上招聘平台向社会发布了一批公司人员招聘信息，其中包含有"法务专员""董事长助理"两个岗位。2019 年 7 月 3 日，闫某通过该招聘平台的手机 APP 软件针对该公司发布的前述两个岗位分别投递了求职简历。闫某投递的求职简历中，包含有姓名、性别、出生年月、户口所在地、现居住城市等个人基本信息，其中户口所在地填写为"某省某市"。

2019 年 7 月 4 日 14 点 28 分，闫某投递的前述"董事长助理"岗位简历被查看，28 分时该公司给出岗位不合适的结论，"不合适原因：某省人"；"法务专员"岗位简历在同日 14 点 28 分被查

---

① 详可参见浙江省杭州市中级人民法院（2020）浙 01 民终 736 号民事判决书。

看，29分时给出岗位不合适的结论，"不合适原因：某省人"。闫某两次投递求职简历，均被该公司以"某省人"不合适为由予以拒绝，闫某感觉到自身的人格尊严受到侵犯，遭受到了不合理的地域歧视，故向互联网法院提起诉讼，请求判令该公司赔礼道歉、支付精神抚慰金以及承担诉讼相关费用。

（二）案件结果

1. 一审判决

一审法院认为，劳动者依法享有平等就业和自主择业的权利，该公司以地域事由要素对闫某的求职请求进行区别对待，而地域事由属于闫某乃至任何人都无法自主选择、控制的与生俱来的"先赋因素"，在该公司无法提供客观有效的证据证明地域要素与闫某申请的工作岗位之间存在必然的内在关联或存在其他的合法目的的情况下，该公司的区分标准不具有合理性，构成法定禁止事由，构成对闫某的就业歧视以及平等就业权的伤害。故判决该公司赔偿闫某精神抚慰金及合理维权费用损失共计10000元，并进行口头道歉，以及在《法治日报》公开登报赔礼道歉。

2. 终审判决

二审法院认为，作为用人单位，其虽享有用人自主权，但平等就业权是劳动者生存和发展的前提，是劳动者的一般人格权之所在，用人单位对用人自主权的行使应始终谨守权利的边界，不得以实施就业歧视的方式侵犯劳动者的平等就业权。二审法院认为，一审法院认定事实清楚，适用法律正确，实体处理得当，最终维持了一审判决。

二、以案说法

本案争议的焦点本质为发生在就业领域的不合理区别对待。

该公司在针对闫某的招聘活动中，提出与职业没有必然联系的地域事由对闫某进行区别对待，损害了闫某平等地获得就业机会和就业待遇的利益，侵害了闫某的平等就业权。

（一）就业歧视的常见情形

就业歧视是指没有法律上的合法目的和原因而基于种族、肤色、宗教、政治见解、民族、社会出身、性别、户籍、残障或身体健康状况、年龄、身高、语言等原因，采取区别对待、排斥或者给予优惠等任何违反平等权的措施侵害劳动者劳动权利的行为。我国劳动者在就业的过程中碰到的主要歧视表现在以下几个方面：（1）城乡户籍歧视。主要包括：①歧视农村户口。农村劳动者在城市中就业广受不平等待遇。②外来人口歧视。本城市的企业招工往往限定"本市户口优先"，或者有的用人单位要求应聘者必须具有本地户口。（2）性别歧视。尽管目前在就业男女平等、保障妇女权益方面，国家出台了一系列法律法规，都强调妇女享有和男子平等的就业权利，但是就业领域内仍存在性别歧视。（3）身高歧视。身高是人为所不能控制的，多是由遗传因素决定。但有的用人单位往往喜欢招聘公告上对求职者的身高做出硬性规定，没有达到身高要求的，往往第一轮简历筛选就落选。然而，现实中的就业歧视远远不止这些。

（二）劳动者的维权途径

就业是最大的民生，就业歧视涉及每一位劳动者的公平正义。平等的劳动就业权是公民最重要、最基本的生存权利，是公民生存和发展的基础，依法应受到法律保护。对于侵害劳动者平等就业权的歧视行为，应旗帜鲜明地给予否定，对遭受侵害的权利依法给予及时、适当救济，以维护法律公平正义的价值秩序及公民合法权益。

作为劳动者，若遇到了就业歧视，可以通过如下渠道进行投诉：（1）劳动监察机构。可以向当地的劳动监察机构投诉，提供具体的投诉人、投诉对象、投诉内容等信息。劳动监察机构有权对涉嫌违法的用人单位进行调查和处罚。（2）人力资源和社会保障部门。可以向所在地人力资源和社会保障部门投诉，提供有关证据与信息，要求对涉嫌违法的用人单位进行调查和处理。（3）司法诉讼。可以诉诸法律途径追究用人单位侵犯平等就业权的民事法律责任，如要求赔礼道歉、赔偿精神损失等，从而维护自身合法权益。

三、专家建议

劳动是宪法规定的权利，亦是义务，用人单位更应当努力为劳动者提供公平的就业环境，双方共同努力构建稳定和谐、诚信友善的用工关系。而对于劳动者而言，更应当擦亮眼睛，对于侵害自身平等就业权利的违规行为，及时通过合法合规的形式维护自身权益，切勿采取明显过激的不当方式，在维权的同时也要保护好自己的权益，避免因维权不当而给自身带来不必要的麻烦与风险。

四、关联法条

《中华人民共和国就业促进法》第3条。

劳动者被要求缴纳保证金或扣押身份证如何维权

部分用人单位在招工过程中，会基于新进员工稳定性的考虑而要求员工缴纳保证金或者扣押员工的身份证，这不仅会直接影响新进员工的直观感受，还会存在违法违规的法律风险。随着《中华人民共和国劳动合同法》（以下简称《劳动合同法》）的颁布与施行，越来越多的用人单位在逐步走向合法合规，给予劳动者充分的尊重，但我们也要看到还有少数单位仍存在上述违法违规情形，侵害了劳动者的合法权益。面对此种情形，广大劳动者可以通过法律维护自己的权利。

一、案例简介①

（一）基本案情

2018年3月26日，王某入职杭州某商行从事驾驶员工作。2018年4月30日，该商行要求王某缴纳押金5000元，王某后续完成缴纳。2018年7月24日，王某向所属人社局提出投诉，反馈所在商行存在违法收取劳动者押金的情形。2018年8月13日，人社局向该商行送达了《劳动保障监察行政处罚告知书》。

---

① 详可参见杭州市上城区人力资源和社会保障局上人社监罚告字〔2018〕007号行政处罚决定书。

（二）案件结果

人社局认为，商行于 2018 年 3 月 26 日招用王某，并于 2018 年 4 月 30 日存在对王某收取押金 5000 元的行为，违反了《劳动合同法》第 9 条"用人单位招用劳动者，不得扣押劳动者的居民身份证和其他证件，不得要求劳动者提供担保或者以其他名义向劳动者收取财物"之规定，构成以担保或者其他名义向劳动者收取财物的行为。鉴于当事人能积极配合调查，并提供相关的证据材料，虽有一定的危害后果发生，但当事人采取相应纠正措施，最终研究决定，作出行政处罚如下：按照每人 1200 元以上且低于 2000 元标准计算处以罚款人民币 1600 元整。

二、以案说法

本案中，商行的行为明显有违《劳动合同法》第 9 条的规定，系明显的违法行为，人社局最终的处理也是按照法律规定的要求以及程序，及时给予了行政处罚，有效维护了劳动者的合法权益，也能有效督促用人单位在后续的用工管理过程中改善自己的不当行为，甚至是违法行为，从而有利于所属地区的整体合规化。

（一）用人单位常见的违规情形

1. 扣押劳动者的档案

劳动者的档案和社会保险关系事关劳动者再就业及相关社会福利。而扣押劳动者档案行为是一种严重的违法、侵权行为。在实际用工中，不少用人单位为了限制劳动者离职、跳槽，或者以与劳动者存在未解决纠纷为由，作出拒不转移相关档案、社保的行为。根据法律规定，如果劳动者从用人单位离职，用人单位应当在其离职后的 15 日内办理档案转移手续，否则将面临罚款。

2. 扣押劳动者的身份证

根据《中华人民共和国居民身份证法》第 16 条规定，有下列行为之一的，由公安机关给予警告，并处 200 元以下罚款，有违法所得的，没收违法所得：非法扣押他人居民身份证的。为此可知，用人单位扣押劳动者身份证的行为，系明显的违法行为。

另外，《劳动合同法》还要求用人单位及时办理人事及档案等手续的转移工作。用人单位不及时办理致使劳动者在再次就业时无法办理相关入职手续，或者无法出示相关证件，严重影响新用人单位对劳动者工作态度和职业能力的判断，从而导致劳动者不能顺利就业，损害劳动者再就业权益的，应对劳动者的未就业损失进行赔偿。

除了扣押证件，有的用人单位还会以各种名义收取费用，如报名费、服装费、体检费、培训费、押金、岗位稳定金、资料审核费等；还有的用人单位向求职者"承诺"提供高薪行业实习岗位，但求职者必须缴纳相关服务费用。在求职过程中，对于将报名费、培训费等作为招聘条件或入职条件的企业，劳动者都要谨慎对待。法律关注的是实质而非形式，劳动者要擦亮眼睛，不管用人单位以何种名目，但凡是实际上实施了上述行为，都属于违法违规行为，切勿被表面的理由所蒙蔽。

（二）劳动者的救济途径

本案中，王某在遭遇了用人单位违法收取押金后，及时向当地人社局进行投诉，积极配合调查，有效维护了自己的权益。劳动者如认为用人单位的行为侵犯了自身的劳动保障合法权益的，有权向劳动保障行政部门进行投诉，并按照劳动保障行政部门的要求提供相关证明材料，以及配合行政部门后续的调查与流程。

三、专家建议

用人单位以任何名义向劳动者收取押金、保证金或者扣押证件的行为都是属于违法行为，劳动者在求职路上要擦亮眼睛，在遇到此类情况的时候，可以向当地劳动监察部门进行举报，积极维护自身的合法权益。在此，也奉劝心存侥幸的少数单位，应严格遵守法律法规规定，及时改正自己对劳动者的不合理要求，以诚待人方为正道，也能更好地提升劳动者的归属感，进而保证劳动者的工作稳定性。

四、关联法条

《中华人民共和国劳动合同法》第 9 条、第 50 条、第 89 条；
《中华人民共和国居民身份证法》第 16 条。

用人单位发了录用通知书后又反悔，劳动者该如何维权

诚实守信是民事主体应当遵守的基本原则，而在招聘环节中，虽然双方尚未建立劳动关系，但任何一方违背诚信都会给对方造成一定的影响。比如，劳动者基于新单位发出的录用通知书而径行离职，此时新单位又基于各种原因提出撤销录用通知书，导致劳动者"赔了夫人又折兵"，从而产生了纠纷。

一、案例简介①

（一）基本案情

2019年7月24日，上海某公司向邢某发出录用通知书，载明公司拟录用邢某为正式员工并签订正式劳动合同，担任公司研发部主任研究员职位。其中，约定邢某转正后的月固定工资是税前人民币35000元整，全年12个月薪资，并要求邢某于2020年3月31日之前携带已签字确认的录用通知书到公司报到。邢某于录用通知尾部"拟被录用人签名"处签名，落款时间为2019年7月29日。2019年10月8日，公司向邢某发送微信，内容为："邢某，你那边情况没有变化吧，明年1月入职。"邢某回复："应该没有变化，这个月再找领导把时间确定一下。"2019年12月10日，邢某

---

① 详可参见上海市第一中级人民法院（2020）沪01民终13346号民事判决书。

向公司发送微信，内容为："部门意见是 1 月 20 日离职，这样的话我 2 月第一个工作日来报到，你看可以吗？"公司回复："没问题，欢迎加盟！"

2020 年 1 月 21 日，邢某原单位出具上海市单位退工证明，载明于 2020 年 1 月 21 日解除与邢某的劳动合同。2020 年 1 月 29 日，上海某公司向邢某发送电子邮件，其内容为："因公司运营策略调整，不得不终止公司和您于 2019 年 7 月 24 日签的录用通知，请回信告知个人银行信息，公司将向您支付半个月工资的经济补偿金。"

后邢某向法院起诉，请求判令公司以月平均工资 100320.98 元的标准计算 8 个月进行赔偿，金额合计 802567.86 元。

（二）案件结果

1. 一审判决

一审法院认为，关于邢某是否构成合理信赖，双方之间的纠纷系发生于劳动合同缔约过程中，案涉公司在邢某提出离职前的沟通情况以及签署的录用通知足以使邢某产生被告确定将与其签订劳动合同的合理信赖。

关于公司对中断缔约是否具有过错。一方面，公司所出具录用通知并未以其获得融资为缔结劳动合同的前提条件；另一方面，公司并未证明其中断缔约的理由即邢某入职所增加的人力成本将影响公司资金状况的客观性和合理性。公司在未协商的情况下，直接通过微信和邮件解除录用中断缔约显然有违诚实信用原则，故公司具有过错。

关于邢某是否因被告中断缔约行为而受到损失。在邢某合理信赖公司于 2020 年 1 月 21 日正式从原单位离职，公司于 2020 年 1 月 29 日才告知邢某可能解除录用的情况，并于次日发出正式通知，邢某在离职之后并未获得原本依据与该公司之预约合同所约定的职位及相关薪酬。因此，被告的中断缔约行为导致邢某既得利益和期待利益受损。

综上，公司的中断缔约行为违反诚实信用原则，应当承担邢某未签订劳动合同造成的损失 117693.80 元。

2. 终审判决

二审认为，双方关于缔结劳动合同的预约合同成立，也基于此，邢某向原工作单位办理了离职手续。其后，公司在未充分协商之情况下，直接通过微信和邮件的方式通知邢某解除录用、中断缔约。故，公司对于中断缔约具有过错，本院予以支持。缔约过失造成的损失是一种信赖利益的损失，对这种损失的赔偿应以合同成立的可得利益为限。为此，一审法院的判决均具有事实和法律依据，本院予以维持。

二、以案说法

上述案例的核心争议焦点：（1）用人单位在发送录用通知书后拒绝录用劳动者，是否应承担缔约过失责任；（2）用人单位应以何种标准向劳动者承担缔约过失的赔偿责任。

（一）缔约过失责任的适用情形

《中华人民共和国民法典》（以下简称《民法典》）第 500 条规定，当事人在订立合同过程中有下列情形之一，造成对方损失的，应当承担赔偿责任：（1）假借订立合同，恶意进行磋商；（2）故意隐瞒与订立合同有关的重要事实或者提供虚假情况；（3）有其他违背诚信原则的行为。该条款规制了当事人在订立合同过程中，因违背诚信原则而给对方造成损失的赔偿责任的情形，缔约过失责任是以诚信原则为基础的民事责任，诚信原则贯穿合同交易的各个环节，当事人在订立合同过程中进行协商、谈判时也要遵循诚信原则，负有相互协助、照顾、保护以及重要情况的告知等义务。在这个阶段，合同尚未成立，但一方对另一方在协商、谈判中实施的行为已经产生了合理信赖。如果当事人在这个阶段实施了违背诚信原则的行为，例如隐瞒了重要事实和情况等，使对方的信赖利益受损，则缔约过失责任即成立。例如，案例中的邢某基于接受了公司的录用通知书而向原单位提出了离职，则公司取消录用通知的违背诚信原则的行为损害了当事人的信赖利益，应当予以赔偿。

（二）缔约过失责任的数额认定

目前，司法实践中对于用人单位发了录用通知书后又反悔的，裁判观点较为统一，普遍认为用人单位需承担缔约过失责任，但缔约过失责任的赔偿范围以受损害的当事人的信赖利益的损失为限，包括直接利益的减少，如谈判中发生的费用，还包括受损害的当事人因此失去与第三人订立合同机会的损失，具体的损失额大多由法院根据案件的具体情况进行酌定。至于上述案例中公司应承担的赔偿责任数额，也是由法院结合公司的过错程度、劳动者自身的就业条件、约定的入职时间、劳动者停止工作的时间以及因停止工作而可能减少的收入、所应聘岗位的月工资水平等因素，最终进行的酌情认定。

三、专家建议

劳动者在遇到类似情况时，若想以此主张赔偿损失的应当做好以下几方面的准备：第一，要留存好用人单位发来的录用通知书，无论是以书面形式还是以电子形式，都应当看是否能体现发件人为该用人单位；第二，如果劳动者主张赔偿因签订劳动合同而产生的实际费用的，应留存好实际支出的票据，例如差旅费发票；第三，如劳动者主张机会成本损失的，则其应当提供其他用人单位发来的入职通知书，自己向原用人单位提交的辞职信，原用人单位出具的解除劳动合同证明、原单位的工资条等证据。

四、关联法条

《中华人民共和国民法典》第 500 条。

女性劳动者在应聘过程中面对
性别歧视如何维权

就业平等权是劳动者的法定权利，任何主体不得以任何理由侵害劳动者的平等就业权。但在实践中，女性员工更容易成为就业歧视的对象。这既是一个法律问题，也是一个社会问题。

一、案例简介①

（一）基本案情

2015年6月28日，梁某在某招聘网站上看到广州某公司发布招聘厨房学徒的广告，指定面试地点在某酒楼处。梁某于6月29日下午到该酒楼应聘，该酒楼工作人员要求梁某填写应聘表格后，让梁某回去等待通知，称下午5点会通知试工。结果，当天下午4点左右，该酒楼的工作人员打来电话，告知已经招满人。

2015年7月16日，梁某再次发现该公司在此招聘网站上发布相同岗位的招聘广告，且明确要求应聘者为"男性"，指定的面试地点依然是某酒楼。梁某在7月22日下午前往该酒楼询问，该酒楼前台工作人员再次明确答复厨房不要女性，就算是有厨师证也不予录用，多次陈述"厨房学徒不要女的""厨房里没有女工，都是男的""公司规定厨房不招女工，即便具备厨师证也不行""不招女工，你填了（表）也是没用""不是说有没有实力的问题，这

---

① 详可参见广东省广州市中级人民法院（2016）粤01民终10790号民事判决书。

是管理的问题，就是如果不招女生的话就是不招"等。经梁某反复表达求职意愿和能力，该酒楼人员依然拒绝让梁某试工。梁某认为，该公司在发布广告、实施招聘过程中都侵犯了自己的平等就业权，也打击了自己的就业信心。为此，梁某起诉至法院，请求判令该公司和酒楼向梁某公开书面赔礼道歉，并连带赔偿梁某因应聘产生的经济损失以及损害抚慰金。

（二）案件结果

1. 一审判决

一审法院认为，该公司和酒楼无论在发布招聘广告中，抑或是实际招聘过程中，均一直未对梁某的能力是否满足岗位要求进行审查，而是直接以梁某的性别为由多次拒绝梁某应聘，拒绝给予梁某平等的面试机会，已经构成了对女性应聘者的区别及排斥，侵犯了梁某平等就业的权利，均已经构成了对梁某的性别歧视，属于共同侵权，应该对梁某的损失承担连带责任，故判令该公司和酒楼连带赔偿梁某精神损害抚慰金2000元。

梁某不服一审判决提起上诉，要求撤销原审判决，改判支持一审全部诉讼请求。

2. 终审判决

二审法院认为，在该公司和酒楼未能提出相反证据予以反驳之情况下，一审法院采纳梁某所提交的证据，认定公司和酒楼存在性别歧视行为，并无不当，应予以维持，并要求公司和酒楼于判决生效之日起10日内向梁某作出书面赔礼道歉（致歉内容须由法院审定，公司和酒楼如未在指定的期间内履行，法院将在广州地区公开发行的报纸刊登判决书主要内容，由此产生的费用将由公司和酒楼承担）。

二、以案说法

上述案例的核心争议焦点在于该公司和酒楼是否在招聘过程中存在就业性别歧视的行为。无论是一审法院，还是二审法院，均认为该公司、酒楼仅因招聘者性别而产生的区别、限制以及排斥的行为不具有合法以及合理性，损害了女性应聘者的平等就业权，应构成就业歧视中的性别歧视。

《中华人民共和国劳动法》（以下简称《劳动法》）明确规定，妇女享有与男子平等的就业权利。在录用职工时，除国家规定的不适合妇女的工种或者岗位外，不得以性别为由拒绝录用妇女或者提高对妇女的录用标准。而且一直以来，我国高度重视维护女性平等就业权益，《劳动法》《劳动合同法》《就业促进法》《女职工劳动保护特别规定》等法律法规都明确规定女职工享有平等就业权。比如，不得在招录环节询问女员工的婚育情况、不得随意与"三期"女职工解除劳动合同等规定都体现了国家对于女性员工的特殊保护，用人单位应当更加提高合规意识，消除对女性就业的隐性歧视。

当下，女性的就业需求不断增加，就业能力不断增强，保护女性的平等就业权成为一种迫切的现实需要并具有极为重要的意义。维护女性的平等就业权是男女平等的重要体现，是女性提高自身地位的重要途径，是发挥女性聪明才智、实现女性人生价值的重要保障。

三、专家建议

随着国家对就业歧视问题的重视及劳动者维权意识的提高，越来越多的求职者拿起法律武器维护自身的平等就业权。女性劳动者要增强对相关法律的了解，树立社会性别平等意识及维权意识，以减少就业歧视现象的发生，并在受到就业歧视时积极寻求法律的支持。

对于用人单位来说，应改变用人观念，与时俱进，一定要增强法律意识，在招聘信息发布、面试、录用、员工管理等方面积极采取措施，减少就业性别歧视现象的发生，共同为广大女性职场群体营造更好的就业环境，让广大女性能够感受到就业的公平性。

四、关联法条

《中华人民共和国劳动法》第13条；

《中华人民共和国就业促进法》第3条；

《最高人民法院关于确定民事侵权精神损害赔偿责任若干问题的解释》第1条。

劳动者违反诚信原则应承担法律责任

一直以来，诚实守信是中华民族所积极倡导的传统美德，亦是法律对于我们每一个人的基础要求，任何民事主体都不应违反。在劳动用工领域，随着近些年来社会物质文化水平的不断提高，用人单位对于人才的需求越来越大，给予的薪酬标准与福利待遇也是水涨船高，这就导致部分心存侥幸的劳动者妄图通过作假而谋取高额的劳动报酬，从而违背了最基本的诚信原则。

一、案例简介①

（一）基本案情

2020 年 3 月，祝某与南京某门诊部签订劳动合同，约定祝某从事管理工作。当日，祝某填写人事资料表一份，在职工信息"职业资格证书名称及等级"处手写"执业医师中级主治"，在"所获学位或证书"栏手写"临床本科"。

2020 年 10 月，门诊部因要给大学生体检要求祝某提供执业医师资格证书，祝某通过微信发来其伪造的证书照片。后祝某因涉嫌伪造体检协议与门诊部发生矛盾而离职。

后续，门诊部经仲裁后诉至法院，要求确认双方签订的劳动合同无效，要求祝某退还在职期间的工资、奖金并赔偿损失等。

---

① 详可参见南京市中级人民法院发布的 2022 年度劳动人事争议十大典型案例之八。

（二）案件结果

一审法院经审理认为，祝某系临床医学专业本科毕业，从事医疗、体检相关工作近 10 年，其应明确知晓"执业医师""中级职称"的概念及所需要具备的资质。祝某入职门诊部后从事医疗部管理工作，亦需其必须具备执业医师资格证书。祝某以欺诈手段使门诊部在违背真实意思的情况下与其签订了劳动合同，该劳动合同应属无效。祝某虽通过欺诈入职，但其在门诊部从事管理工作，付出了劳动，一审法院结合祝某工资构成、实际工资收入、门诊部相近岗位劳动者劳动报酬及祝某过错，综合认定祝某返还工资 35000 元。

一审判决后，祝某与门诊部均未在上诉期限内进行上诉。

二、以案说法

上述案例的核心争议焦点，即祝某以欺诈方式与门诊部所签署的劳动合同是否有效，以及在认定劳动合同无效后门诊部的诉求是否具备相应的事实与法律依据。下面，笔者将从诚实信用原则的义务来源以及对应的法律后果两方面进行分析。

（一）诚实信用原则的来源

1. 法律层面

无论是作为"社会生活的百科全书"的《中华人民共和国民法典》，还是维护用工秩序的《中华人民共和国劳动合同法》（以下简称《劳动合同法》），其中均规定了民事主体从事民事活动所应当遵循的诚实信用原则。诚实信用原则是民事活动的基本要求，所有民事主体均应当严格恪守。同时，该原则也被列为劳动用工领域的基本原则，贯穿于《劳动合同法》的始终。其不仅要求民事主体从事民事活动、行使民事权利、履行民事义务、承担民事责任时，都应秉持诚实、善意，信守承诺。同样，也要求所有的劳动者，做人、做事都应当秉持诚信原则。故而在司法实践中，对于有违诚信原则的民事行为（如在订立劳动合同时故意告知用人单位虚假学历、故意隐瞒身体健康状况等与订立合同有关的基本信息，使用人单位陷入错误认识，作出与其订立劳动合同的错误意思表示的行为），一般情况下，法律层面均会给予否定性评价。

2. 道德义务

诚信，是社会主义核心价值观的基石，也是中华民族的传统美德和道德要求，"人无信不立"也是公知的名言警句。故而，劳动者履行诚信义务，不仅仅是法律层面的要求，亦是道德层面的明确要求。

（二）劳动者违反诚实信用原则的法律责任

1. 劳动合同无效

《劳动合同法》第 26 条第 1 款第 1 项规定，下列劳动合同无效或者部分无效：以欺诈、胁迫的手段或者乘人之危，使对方在违背真实意思的情况下订立或者变更劳动合同的。由此可知，以欺诈、胁迫的手段或者乘人之危，使对方在违背真实意思的情况下订立的劳动合同，是无效的。本案中，祝某编造虚假信息，实际上将不能胜任工作的风险转移给了门诊部。而医疗诊断关乎百姓生命健康，执业医师资格证是我国从业医师必须拥有的证书，证明持证人具有独立从事医疗活动的技术和能力。故而，法院据此认定祝某的行为构成欺诈，并判决双方签订的劳动合同无效，不仅具备合理性、合法性，更是警戒劳动者在订立劳动合同时要遵循诚实信用原则，如实履行诚实告知义务。

那么，在司法实践中，劳动者未履行诚信告知义务是否必然构成欺诈？笔者认为，认定劳动者欺诈应当满足以下要件：（1）劳动者有欺诈的故意，即故意告知用人单位虚假信息或者隐瞒真实信息；（2）劳动者实施了欺诈的行为，具体表现为通过语言或者行动捏造虚假情况或隐瞒真实情况；（3）用人单位基于劳动者的行为陷入错误认识，即劳动者的欺诈行为与用人单位的错误认识之间具有法律上的直接因果关系；（4）用人单位因为错误认识作出录用劳动者的意思表示。在满足上述构成要件的情况下，劳动者才构成欺诈；反之，则不必然构成欺诈。

2. 赔偿损失

《劳动合同法》第86条规定，劳动合同依照本法第26条规定被确认无效，给对方造成损害的，有过错的一方应当承担赔偿责任。由此可知，如果劳动者以欺诈、胁迫的手段或者乘人之危，使单位在违背真实意思的情况下订立或者变更劳动合同导致合同无效的，一旦给单位造成损失，也需对单位承担赔偿责任。但对于劳动者的赔偿标准，《劳动合同法》中并没有形成完整的责任体系。通常，法院在审理该类案件时会综合考虑损失的大小、用人单位在劳动者的选任和监管上的过失、劳动者的过错程度及其从用人单位获取的劳动报酬数额、双方劳动合同的约定及用人单位规章制度规定等因素综合酌情确定。

三、专家建议

诚信，是一个人安身立命之本。如果丢失了诚信，不仅劳动者的职业生涯会受到影响，还违背了《劳动合同法》的明确规定和社会主义核心价值观的要求。为此，笔者提醒劳动者在面试、入职、在职、离职等一系列有关权利和义务的民事活动中，均应遵循诚实信用原则，将自身的职业技能、学历、工作经历、健康状况等与订立劳动合同直接相关的基本情况如实告知用人单位，不要抱有任何的侥幸心理。同时，用人单位在录用劳动者时，也应当明确告知劳动者录用条件并制定严格的入职审查程序，从而避免后续双方因未妥善履行自身义务而引发争议。

四、关联法条

《中华人民共和国民法典》第 7 条；

《中华人民共和国劳动法》第 18 条；

《中华人民共和国劳动合同法》第 3 条、第 26 条、第 86 条。

订立劳动合同的时间要求及违反的法律责任

在司法实践中，劳动合同作为劳动者与用人单位之间形成劳动法律关系的主要文件，其不仅明确了合同双方当事人的权利和义务，更对保护劳动者的合法权益、构建和谐稳定的劳动关系具有重要意义。因此，在双方建立劳动关系的情况下，劳动合同是否及时签署就显得尤为重要。

当然，及时签订劳动合同是用人单位与劳动者的双方义务，任何一方拒不配合都会导致劳动合同的签订工作无法落地，也会给自身带来一定的法律风险。

一、案例简介 ①

（一）基本案情

2013 年 4 月 26 日，朱某到江苏南通某公司处上班，并于当日收到公司关于订立书面劳动合同及办理社保手续的通知。朱某填写了一份"员工不愿购买社会保险的申请"，表示因暂时与原单位交涉，不愿订立劳动合同、办理社保，愿意承担由此引起的一切损失与法律后果。后经公司以书面形式多次向朱某下发应当及时配合公司关于订立书面劳动合同及办理社保手续的通知，朱某仍旧未同意。

---

① 详可参见江苏省南通市中级人民法院（2014）通中民终字第 2288 号民事判决书。

2013 年 12 月 5 日，公司向朱某发出通知一份，通知载明：因朱某本人原因（与原单位交涉劳务纠纷问题）未能提供就业证、养老保险手册给单位，一直在诉讼期，朱某在入职当月及次月均填写不愿购买社会保险以及订立书面劳动合同的承诺书，以及其劳务纠纷一直未结束，故公司不再录用。同日，朱某另行与公司签订协议一份，协议约定：朱某与公司的劳动关系至 2013 年 12 月 5 日终止，朱某在公司工作期间的所有工资待遇已全部结清，公司将朱某的人事档案退工、停保手续办理完毕，并与朱某办理交接手续，双方再无任何经济纠葛和其他法律纠纷，协议签字（盖章）后生效，生效后双方不得再就劳动关系事宜提出任何异议。后朱某在离职后提起了仲裁申请，要求公司支付未签署劳动合同的双倍工资，仲裁委作出不予支持的裁决后。朱某不服该裁决，向法院进行起诉。

（二）案件结果

1. 一审判决

一审法院认为，双方已经于 2013 年 12 月 5 日就终止劳动关系等达成了协议，明确双方之间的劳动关系至 2013 年 12 月 5 日终止，工资已结清，双方无经济纠葛和其他法律纠纷，不得再就劳动关系事宜提出任何异议。上述约定不违反法律、行政法规的强制性规定，朱某亦无证据证明存在欺诈、胁迫或乘人之危情形，协议应为合法有效。从双方之间的实际情况来看，公司方面多次要求朱某签订劳动合同，朱某表示因与原单位交涉而不签合同，不签合同的原因在于朱某，公司终止劳动关系符合法律规定，无须支付双倍工资，故对朱某的诉讼请求，一审法院不予支持。

一审判决作出后，朱某不服并提起了上诉。

2.终审判决

二审法院认为，朱某作为公司的职工，其本身负有签订劳动合同的职责，该公司多次主动要求朱某签订劳动合同，但朱某均以暂时与原单位交涉而拒绝签订，并承诺愿意承担由此引起的一切损失与法律后果。因此，双方未签订书面劳动合同不能归责于公司。最终，二审法院驳回了朱某的上诉，维持一审判决。

二审判决后，朱某不服并向江苏省高级人民法院申请再审。再审法院认为，双方未签订劳动合同的原因在于朱某，故最终驳回了朱某的再审申请。

二、以案说法

依法订立书面劳动合同是需要双方积极配合的事项，任何一方均无法在对方不配合的情况下单方完成。劳动合同本身不仅可以明确约定用人单位和劳动者的权利义务，也是双方保护自身合法权利的重要手段，这也是法律层面为了尽量降低后续双方对于劳动关系的建立合意以及劳动用工的具体事项发生争议而从立法层面明确规定劳动合同签订的背后原因。为此，用人单位与劳动者无论任何原因，均应当按照法律规定及时履行相互配合签署劳动合同的义务，否则，劳动者除了面临本案中朱某的尴尬境遇，甚至还有可能在后续因为没有书面劳动合同而面临其他维权障碍，特别是工伤保险待遇方面。结合本案中，法院最终判决公司无须向朱某支付双倍工资，不仅体现了二倍工资系属于惩罚性的法律属性，也为促进实质正义树立了正确导向。

回归到《中华人民共和国劳动合同法》（以下简称《劳动合同法》）的规定，该法自2008年1月1日施行以来，确实在保障劳动者权益方面发挥了积极重要的作用，从前期防控角度有效降低了劳动争议发生的概率。且，《劳动合同法》的立法本意即更多地要求用人单位主动同劳动者签订劳动合同，劳动者更多的是配合义务。为此，我们需要从劳动合同的签订时间以及对应的法律责任两个维度进行分析。

（一）劳动合同的订立时间

《劳动合同法》第 10 条以及《中华人民共和国劳动合同法实施条例》第 5 条中均规定了用人单位与劳动者建立劳动关系，就应当订立书面的劳动合同，最长宽限期不得超出一个月。同时，订立书面劳动合同应当系双方的合意，而非一方意愿。任何一方拒不订立书面劳动合同的，都存在相应的法律风险，即用人单位拒不订立书面劳动合同的，将面临双倍工资的处罚；劳动者拒不订立劳动合同的，则面临用人单位单方终止劳动关系的风险。故而，用人单位以及劳动者均应当在一个月内完成劳动合同的订立。

既然订立书面劳动合同的前提是双方建立劳动关系，那么在法律层面，如何认定劳动者与用人单位之间已经建立劳动关系呢？笔者认为，在雇佣关系项下，用人单位与劳动者满足原劳动和社会保障部《关于确立劳动关系有关事项的通知》第 1 条规定的三个构成要件，即用人单位与劳动者符合建立劳动关系的主体资格且存在管理与被管理的人身隶属性以及劳动者所从事业务是用人单位业务组成部分，就应当认定双方已经建立了劳动关系。

（二）法律责任

1. 视为订立无固定期限劳动合同

根据《劳动合同法》第 14 条第 3 款规定可知，双方已经建立劳动关系，但在一年内并未订立书面劳动合同的，这时在法律层面已经自用工满一年之日起，视为用人单位和劳动者订立了无固定期限劳动合同，如果用人单位再单方解除与劳动者的劳动合同，应当适用《劳动合同法》第 39 条、第 40 条和第 41 条等关于劳动合同解除的规定。

2. 二倍工资

根据《劳动合同法》第 82 条规定可知，用人单位应当自实际用工之日起就与劳动者订立书面的劳动合同，因客观原因无法在实际用工之日签署书面劳动合同的，法律层面给予了用人单位一个月的宽限期，逾期与劳动者仍旧拒不订立书面劳动合同的，用人单位则面临向劳动者支付二倍工资的法律风险。

那么，对于二倍工资差额的性质是否属于劳动报酬？因为一旦该性质属于劳动报酬，即应当适用特殊的一年仲裁时效，否则即适用普通的一年仲裁时效。经笔者对司法实践情况的检索以及目前逐步清晰的司法裁判意见，主流观点均认为二倍工资的差额部分并非属于劳动报酬，而应当是惩罚性的法律责任，与劳动者用劳动所换取的劳动报酬存在本质上的区别。故而，未签订劳动合同的二倍工资不属于劳动报酬范畴，劳动者在主张未签订劳动合同的二倍工资时不适用劳动报酬的特殊仲裁时效，而应当适用普通的一年仲裁时效，即从当事人知道或者应当知道其权利被侵害之日起计算一年。

三、专家建议

作为劳动者一方，在用人单位已经依法要求订立劳动合同的情况下，劳动者应配合用人单位完成书面劳动合同的订立，否则届时不仅仅无法主张二倍工资，还可能会被用人单位以拒签劳动合同为由而无偿终止双方劳动关系，并且也会对后续的职业发展造成负面影响。同时，如劳动者对劳动合同内容有异议的，也可及时向用人单位提出，切勿签署空白合同。在书面劳动合同签署完毕后，可在用人单位加盖公章后要求用人单位给予一份留存，如果用人单位届时不交付签署版本的劳动合同文本，劳动者可向当地劳动保障监察部门投诉，从而维护自身合法权益。

作为用人单位一方，应当在劳动者入职一个月内及时与劳动者签订书面劳动合同，这样既能保证员工的合法权益不受侵犯，也能避免少数人借助仲裁或诉讼的合法形式来恶意维权，从而给用人单位造成损失。

四、关联法条

《中华人民共和国劳动合同法》第 10 条、第 14 条、第 82 条；

《中华人民共和国劳动争议调解仲裁法》第 27 条；

《关于确立劳动关系有关事项的通知》第 1 条；

《中华人民共和国劳动合同法实施条例》第 5 条。

劳动合同的期限类型

无固定期限劳动合同作为法定的劳动合同期限的一种类型，也是实践中较容易引发劳动争议的事项之一。劳动者在入职时或者原劳动合同到期时，可能都会面临是否签订无固定期限劳动合同的问题。同样，对于用人单位而言，往往也会对无固定期限劳动合同存在错误的认知，认为这类合同属于"铁饭碗"。基于此，很有必要对于无固定期限劳动合同所衍生的问题进行简要阐述。

一、案例简介 [①]

（一）基本案情

1997 年 12 月 11 日，何某到佛山某设备公司任技术员。其间，双方多次续订劳动合同。2008 年 5 月 11 日，何某与公司协商一致后，双方再次续订了一份为期三年的劳动合同。该合同履行期间，何某曾提出自己已符合签订无固定期限劳动合同的条件，要求公司将该固定期限劳动合同变更为无固定期限劳动合同，未获允许。2011 年 3 月 11 日，公司通知何某因其 2008 年 5 月 11 日签订的劳动合同即将到期，拟不再续订劳动合同。何某于同月 25 日以书面方式提出要与公司签订无固定期限劳动合同，但仍未获允许。

2011 年 3 月 31 日，公司以合同期满终止为由，向何某发放经

---

① 详可参见广东省佛山市中级人民法院（2012）佛中法民四终字第 404 号民事判决书。

济补偿金后，终止了双方的劳动关系。何某遂提起仲裁，要求公司支付违法解除劳动合同的经济补偿金差额。仲裁委对于何某的部分诉求予以支持后，何某不服该裁决，随后向法院提起了诉讼。

（二）案件结果

1. 一审判决

法院认为，何某在公司就职逾 10 年，虽然符合法律规定的用人单位应当与其订立无固定期限劳动合同的条件，但其自愿选择于 2008 年 5 月 11 日与公司续订固定期限劳动合同，故在劳动合同履行期内何某不得单方要求变更为无固定期限劳动合同。然而，劳动合同期满后，何某已经明确提出订立无固定期限劳动合同的要求，公司方面应当依法与何某签订无固定期限劳动合同，现该公司执意以原固定期限劳动合同届满为由终止双方的劳动关系，其行为构成违法终止劳动关系。

后，公司不服一审判决，向佛山市中级人民法院提起了上诉。

2. 终审判决

二审法院认为，一审法院在法律适用以及事实查明方面均无不当，故而驳回公司的上诉，维持了一审判决。

二、以案说法

根据《中华人民共和国劳动合同法》（以下简称《劳动合同法》）第 14 条的规定可知，当劳动者在用人单位连续工作满 10 年时，法律赋予了劳动者可以要求与用人单位订立无固定期限劳动合同的单方权利，即劳动者有订立固定期限劳动合同或无固定期限劳动合同的选择权。当然，若劳动者在满足订立无固定期限劳动合同的条件时，仍然明确提出与用人单位订立固定期限劳动合同，法律亦充分尊重双方当事人的真实意愿。然而，本案中公司之所以需要承担违法终止劳动合同的法律责任，是因为劳动者在符合订立无固定期限劳动合同以及劳动者明确提出订立要求时，公司却以劳动合同到期为由单方终止了双方的劳动关系，而从法律规定出发，此时用人单位是负有与劳动者订立无固定期限劳动合同之义务，故公司违反了法定的义务，即应当承担相应的法律责任。

（一）劳动合同期限类型

根据《劳动合同法》第 12 条规定，劳动合同分为固定期限劳动合同、无固定期限劳动合同和以完成一定工作任务为期限的劳动合同。

1. 固定期限劳动合同

固定期限劳动合同，是指用人单位与劳动者约定合同终止时间的劳动合同。固定期限的劳动合同期限，可以是较短的一年、二年，也可以是较长的三年、十年，具体期限由用人单位和劳动者协商后自主确定。

2. 无固定期限劳动合同

无固定期限劳动合同，是指用人单位与劳动者约定无确定终止时间的劳动合同，既可以由双方自主协商一致后签署，也可以按照《劳动合同法》第 14 条的规定而签署。需要特别说明的是，无固定期限劳动合同并非"铁饭碗"，在出现法定解除事由时，届时双方劳动合同的解除方式以及支付经济补偿金的标准仍旧会按照法定的方式与标准执行，与固定期限劳动合同并无较大差别，故用人单位应当摆正对于无固定期限劳动合同的认知，正确看待无固定期限劳动合同。

3. 以完成一定工作任务为期限的劳动合同

以完成一定工作任务为期限的劳动合同，是指用人单位与劳动者约定以某项工作的完成为合同期限的劳动合同。该类合同是用人单位为了及时完成某项工作而与劳动者订立的劳动合同，当然该任务的结束时间应当是具体明确的，否则容易就劳动合同到期的具体时间节点发生争议。

三、专家建议

劳动用工是一个双向选择的过程，只有具备较为充分的信任基础，才能达到长久稳定的合作。虽然法律上对于劳动合同的期限类型进行了明确的规定，但最终签署何种类型的劳动合同，仍然需要双方在综合评估后进行充分协商，并在协商一致的基础上签订对应期限的劳动合同。同时，无论是劳动者还是用人单位，均应当对于劳动合同的期限类型具备充分且准确的认知，在法律规定的基础上妥善保护各自的合法权益。

四、关联法条

《中华人民共和国劳动合同法》第 12 条、第 14 条；

《中华人民共和国劳动合同法实施条例》第 25 条。

用人单位只同意签署试用期合同时
劳动者如何应对

在司法实践中，部分用人单位常常认为与新进员工签署试用期合同（即合同期限仅为试用期的期限），就能规避单方辞退时所面临的法律风险。虽然该操作路径具备一定的行业特征，比如，人员流动性较强的行业，然而无论因何种原因，用人单位的用工均应当在法律法规允许的范围内，切勿超出法律规定而给自身带来衍生的法律风险。

一、案例简介[①]

（一）基本案情

2015年3月，李某被宁波某公司录用，但在签订劳动合同时，公司表示按照公司内部的规定，凡是新招用的职工要先签订6个月的试用合同，试用期工资是正常工资的一半，试用期过后经考核合格才能签订正式的劳动合同。李某考虑到如今刚毕业，就业不易，就签订了这份试用合同。6个月期满后，公司以李某在试用期内表现不合格为由，不予签订正式的劳动合同。李某对此不服，向劳动争议仲裁委员会提出申诉，要求公司支付经济补偿金，并

[①] 详可参见宁波市劳动人事争议仲裁院发布的2016年度十大劳动争议典型案例之一。

补发未按照正常工资支付的工资差额。

（二）案件结果

仲裁委认为，依据《中华人民共和国劳动合同法》（以下简称《劳动合同法》）第19条第4款的规定，试用期包含在劳动合同期限内。劳动合同仅约定试用期的，试用期不成立，该期限为劳动合同期限。本案中，公司与李某签订的是试用期合同，依据上述规定，试用期不成立，6个月的试用期即为劳动合同期限。同时，依据《劳动合同法》第46条第5项规定，公司不与李某续签劳动合同，应当向李某支付一个月工资的经济补偿金。另外，公司在李某的"试用合同"期间支付的工资为正常工资的一半，因试用期不成立，6个月的试用期即为劳动合同期限，因此公司应当按照正常的工资数额发放给李某，并应依法向李某支付经济补偿金。

二、以案说法

上述案例的核心争议焦点，即该试用合同的法律效力认定问题。很明显，仲裁委最终作了否定性评价，充分保护了李某的合法权益，实现了对于劳动者权益的有效保障，也对用人单位的违规行为进行了苛责，有利于劳动用工的后续整体合规。

（一）试用期的含义

对于试用期，根据《劳动部办公厅对〈关于劳动用工管理有关问题的请示〉的复函》的规定可知，试用期是用人单位和劳动者建立劳动关系后为相互了解、选择而约定的不超过6个月的考察期，用以规范试用期。可以确定的是，设立试用期的目的在于使用人单位、劳动者在不超过6个月的时间内互相熟悉及了解。用人单位可以在这段时间内对劳动者进行全面考察，决定是否符合录用条件。劳动者亦可以了解企业文化、愿景、价值观以及自己的职业前景、工作环境、工资待遇等是否符合自身需求，所以说试用期是一个双向选择的阶段。为此，这也就要求双方对于试用期要有充分的认知，用人单位更要对新进员工的试用期表现做好方方面面的管理，否则后续仍然会因此而引发劳动争议。

（二）试用期合同的法律效力

根据《劳动合同法》第 19 条第 4 款的规定可知，试用期是包含在劳动合同期限内的，并非属于独立存在，即对于试用期合同中的期限，法律会将其认定为劳动合同的期限。故而，部分企业在实践中通过签署试用期合同用以规避签署劳动合同的目的，不仅损害了劳动者的合法权益，更违背了试用期的立法本意。

三、专家建议

考虑到合法合规是用人单位经营管理的底线要求，劳动者更应当通过法律途径维护自身的合法权益，故建议劳动者：一是应当提高自身的法律意识和维权意识，了解自身的合法权益；二是在签署劳动合同和约定试用期时，应当认真阅读相关条款，确保自己的权益不受侵害；三是在履行劳动合同时，如遭遇到用人单位不合理的要求或用人单位给予的待遇已经违背了劳动法的规定，届时应及时向相关部门进行投诉或者诉诸法律途径，从而更好地维护自身的合法权益。

四、关联法条

《中华人民共和国劳动合同法》第 19 条、第 46 条。

单位违法约定试用期的常见情形及劳动者的维权路径

在法律层面，劳动合同法中所规定的试用期，本意是为了让用人单位充分考察劳动者是否符合录用条件，以最低的风险成本获取最优秀的人员，促进用人单位的业务向前发展。但是，在现实生活中经常有用人单位恶意利用试用期管理制度，除上篇所提及的试用期合同外，还实施了其他违法行为，严重损害了劳动者的合法权益。

一、案例简介①

（一）基本案情

2019 年 1 月 11 日，刘某入职北京某公司，并签订劳动合同。其中约定，公司安排刘某担任人力行政总监一职，工资标准为试用期每月 18400 元，转正后每月 23000 元，但其中对于劳动合同的期限类型、试用期时间均未明确。但经刘某查看钉钉系统显示："刘某的员工状态为试用，合同起始日为 2019 年 1 月 11 日，合同到期日为 2022 年 2 月 10 日，试用期 3 个月。"2019 年 3 月 12 日，3 个月试用期到期后，公司一直未为刘某办理转正手续，并一直按照试用期标准向其发放工资。其间，刘某未曾提出过异议。

---

① 详可参见北京市第一中级人民法院（2022）京 01 民终 3375 号民事判决书。

2022年2月10日，合同到期后，公司方面并未及时与刘某续签书面劳动合同，但仍旧安排刘某工作，并将其调岗为行政总监。刘某不服，于2022年2月28日向公司提出离职。

2022年4月26日，刘某向仲裁委提出仲裁申请，要求公司支付2019年4月1日至2022年2月28日工资差额50600元、延长试用期的赔偿金253000元以及未缴纳的公积金29026元，并在仲裁程序结束后诉至法院。

（二）案件结果

1. 一审判决

一审法院认为，三年以上固定期限和无固定期限的劳动合同，试用期不得超过6个月。用人单位违反规定与劳动者约定试用期的，由劳动行政部门责令改正；违法约定的试用期已经履行的，由用人单位以劳动者试用期满月工资为标准，按已经履行的超过法定试用期的期间向劳动者支付赔偿金。本案中，公司一直未为刘某办理转正手续，理应向其支付2019年3月12日至2022年2月28日超过法定试用期期间的赔偿金176862.07元，刘某主张过高部分，本院不予支持。

公司不服一审判决，随即提起上诉。

2. 终审判决

二审法院认为，在刘某入职时，公司与其约定了3个月的试用期，但在试用期到期后，一直未为其办理转正手续，因此，应当认为在原试用期满之后，公司继续与刘某约定了试用期。而根据《中华人民共和国劳动合同法》（以下简称《劳动合同法》）第19条第2款规定可知，公司继续约定试用期的行为，已经违反了该项强制性规定，属于违法约定试用期。为此，根据《劳动合同法》第83条规定，公司应当支付超过法定试用期期间的赔偿金。

故二审法院判决：驳回该公司上诉申请，维持一审原判。

后，公司又向北京市高级人民法院申请再审，再审法院经审理后认定原审法院根据刘某的此项诉讼请求依法所作认定和判决，并不属于超出诉讼请求的再审情形，且公司的该项再审事由缺乏事实和法律依据，故裁定驳回该公司的再审申请。

二、以案说法

上述案例的核心争议焦点，即公司是否构成违法约定试用期，以及公司是否需要向刘某支付赔偿金。很明显，上述案例中一审、二审以及再审法院都作出了相同的认定，即该公司违反《劳动合同法》的规定，构成违法约定试用期。笔者认为，上述判决均系合法合理的判决结果，因为《劳动合同法》已经对试用期时间长短、约定次数均进行了严格限制，这不仅是因为试用期所约定的内容是劳动者决定是否入职的重要考量因素，也是因为劳动者在入职后即与用人单位建立了隶属性的用工关系，双方地位并不平等。若是再次赋予用人单位与劳动者约定试用期的权利，则很可能侵害劳动者的合法利益，不利于和谐劳动关系的构建。

（一）用人单位的常见违法情形

1. 约定的试用期超出了法律规定的上限

《劳动合同法》第19条规定已经对不同劳动合同期限所能约定的最长试用期作出了明确规定，因此用人单位如果单次与劳动者约定的试用期超出了法定上限，则属于违法约定试用期，需要承担相应的法律责任。

2. 单独与劳动者签署试用期合同

详见同上一篇的内容，在此不再赘述。

3. 用人单位延长试用期期限

司法实践中，用人单位常常因劳动者未达到公司明确规定的录用条件，又不忍心在试用期到期前径行解除与劳动者的劳动合同，而是与劳动者协商，在法律规定的期限范围内再延长试用期期限。笔者认为，该种行为因违反了《劳动合同法》第19条第2款中"同一用人单位与同一劳动者只能约定一次试用期"的规定，而构成违法约定试用期。而且，在目前的司法实践中，大部分地区也存在较多的类似判例，均对用人单位延长劳动者试用期期限作出了违法约定试用期的最终认定。

（二）劳动者的维权途径

根据《劳动合同法》第83条规定，用人单位违反本法规定与劳动者约定试用期的，由劳动行政部门责令改正；违法约定的试用期已经履行的，由用人单位以劳动者试用期满月工资为标准，按已经履行的超过法定试用期的期间向劳动者支付赔偿金。用人单位违法约定试用期的，劳动者既可以在得知自己权益受损之日到当地的劳动行政部门进行投诉举报，也可以采取劳动仲裁、诉讼方式要求用人单位承担相应的民事法律责任，从而更好地维护自身的合法权益。

三、专家建议

用人单位为了保护自身利益，通过各种方式违法约定试用期从而损害劳动者合法权益的情形已经屡见不鲜，故对于劳动者而言，应当对劳动法律法规中关于试用期的相关规定有基本的了解。无论是在入职时还是在后续的在职期间，均应当擦亮眼睛，尽量识别用人单位的那些"坑"，在维护自身合法权益的基础上积极履行自身岗位职责，从而实现自身的职业规划目标。

四、关联法条

《中华人民共和国劳动合同法》第 19 条、第 83 条。

第二章　劳动报酬

最低工资是否包含社保公积金个人缴费部分

最低工资是法律规定的劳动者提供了正常劳动时，用人单位应支付的最低劳动报酬。其设置目的是维护劳动者取得劳动报酬的权益，保障劳动者个人及其家庭成员的基本生活。在部分用人单位对于部分岗位仅按照最低工资标准向劳动者支付劳动报酬、病假工资、待岗工资与最低工资的情况下，最低工资标准、最低工资所包含的项目，如是否包含社会保险、住房公积金个人缴费部分，将直接影响到一部分劳动者的收入水平。

一、案例简介①

（一）基本案情

2013 年 4 月 12 日，王某入职北京某学院，工作岗位为保洁员。双方签订的书面劳动合同约定，王某月工资不低于北京市最低工资标准。双方劳动合同于 2016 年 5 月 31 日期满终止。

2016 年 10 月 27 日，王某向北京市通州区劳动人事争议仲裁委员会申请仲裁，仲裁请求包括要求北京某学院支付工资差额等。北京市通州区劳动人事争议仲裁委员会裁决北京某学院支付王某工资差额 37320 元，驳回了王某的其他仲裁请求。

就仲裁裁决，王某未提起诉讼，北京某学院提起诉讼，诉讼

---

① 详可参见北京市第三中级人民法院（2017）京 03 民终 8592 号民事判决书。

请求包括无须支付王某工资差额等。诉讼中，北京某学院提交了王某 2013 年 4 月至 2016 年 5 月期间的工资表，主张已经足额发放了王某的工资。工资表记载，王某工资构成为岗位工资、浮动工资、补贴、绩效、加班工资。王某认可工资表记载的实发数额，但不认可证明目的。

（二）案件结果

1. 一审判决

一审法院根据双方认可的工资发放情况，经核算，扣除补贴、加班工资、王某个人应缴纳的社会保险费用后，北京某学院支付王某的部分月份工资低于北京市最低工资标准，违反法律强制性规定，判决北京某学院支付王某工资差额 8047 元。

2. 终审判决

二审法院认为，王某工资标准应当根据双方劳动合同约定进行认定，即为北京市最低工资标准。在扣除补贴、加班工资、个人应缴纳的社会保险费用后，北京某学院支付王某的部分月份工资确已低于北京市最低工资标准，其依法应予补足，一审法院处理正确，故维持一审判决。

二、以案说法

本案中，双方的争议焦点之一是北京某学院向王某支付的工资是否低于北京市最低工资，是否需要支付工资差额。

（一）最低工资的含义

最低工资标准通常采取月最低工资标准和小时最低工资标准两种形式。月最低工资标准适用于全日制就业劳动者；小时最低工资标准适用于非全日制就业劳动者。本案中，王某适用月最低工资标准。

最低工资标准是劳动者提供了正常劳动的情况下，用人单位应支付的最低劳动报酬。根据《最低工资规定》第3条、第12条规定，最低工资不包括"延长工作时间工资""中班、夜班、高温、低温、井下、有毒有害等特殊工作环境、条件下的津贴""法律、法规和国家规定的劳动者福利待遇"。劳动者依法享受带薪年休假、探亲假、婚丧假、生育假期间，视为提供了正常劳动。

对于社会保险与住房公积金，其中单位缴费部分不包含在最低工资中，理由是单位缴费部分属于前述"法律、法规和国家规定的劳动者福利待遇"。但对于与劳动者权益密切相关且金额占工资总金额比例不低的个人缴费部分，《最低工资规定》仅将其规定为确定和调整月最低工资标准应当考量的因素，并未明确规定最低工资标准中是否包含该等项目。因不同行政区域可以有不同的最低工资标准，该等项目是否包含在最低工资中，司法实践中通常依据当地自行发布的相关规定确定。

本案中，法院依据北京地区的《北京市最低工资规定》等规定，认定社会保险、住房公积金个人缴费部分不包含在最低工资中。

（二）用人单位支付工资低于最低工资标准应当承担的责任

根据《中华人民共和国劳动法》《中华人民共和国劳动合同法》等规定，在劳动者提供正常劳动情况下，用人单位支付劳动者的工资不得低于当地最低工资标准。如用人单位支付工资低于最低工资标准，则需要承担支付工资差额的义务。

用人单位支付工资低于最低工资标准的，劳动者除了进行劳动仲裁、诉讼外，还可以向劳动行政部门举报。劳动行政部门查证举报属实，会责令用人单位限期支付工资差额，如用人单位经劳动行政部门责令仍逾期不支付的，还需按应付金额50%以上

100% 以下的标准向劳动者加付赔偿金。

具体到本案中,法院基于北京地区最低工资不包含社会保险、住房公积金个人缴费部分,对王某工资进行了核算,确认部分月份北京市某学院支付工资低于北京市最低工资标准。对于低于最低工资标准的部分,法院判令北京某学院支付工资差额。

三、专家建议

各地对于最低工资中应包含的项目规定不尽相同。例如,北京、上海的最低工资不包含社会保险、住房公积金个人缴费部分;湖南省最低工资包含社会保险个人缴费部分,不包含住房公积金个人缴费部分;四川省最低工资则全部包含。最低工资不但涉及劳动者提供正常劳动下所能获得的最低工资,还可能与病假工资、待岗工资(为最低工资的一定比例)、试用期工资(不得低于最低工资)等相关。劳动者宜在了解当地规定的基础上,确认用人单位支付的工资是否符合法律规定,从而维护自身合法权益。

四、关联法条

《中华人民共和国劳动法》第 48 条、第 49 条;

《中华人民共和国劳动合同法》第 85 条;

《最低工资规定》第 3 条、第 6 条、第 7 条、第 12 条。

用人单位能否依据规章制度不认可加班并进而不支付加班费

加班在日常生活中并不罕见，用人单位能否依法、依规支付加班工资或安排劳动者调休，直接关系到劳动者获得劳动报酬的权利及休息权。实践中，用人单位出于不支付、少支付加班工资的目的，可能会采取各种手段、措施。如，督促员工在下班后及时离岗、关闭相关工作区域，或要求员工签署"自愿放弃加班工资"的书面文件。此外，还有用人单位通过规章制度规定劳动者加班需要经过审批。是否能够基于单位规章制度排除员工未经审批的加班，不能一概而论。

一、案例简介①

（一）基本案情

常某于 2016 年 4 月 15 日入职某网络公司，担任研发工程师。双方劳动合同期限为 2016 年 4 月 15 日至 2019 年 4 月 14 日。2017 年 1 月 27 日，常某收到公司邮寄的劳动合同关系解除通知书，以旷工违反公司员工手册为由，解除与常某的劳动关系。

公司员工手册规定：（1）公司不鼓励员工加班，因特殊情况需要加班的，由员工提出申请，部门负责人根据实际工作需要审

---

① 详可参见上海市第一中级人民法院（2017）沪 01 民终 14261 号民事判决书。

批，并由部门主管安排调休，且必须在下个自然季度内调休完成，逾期作废。除法定节假日加班外，其余一律实行调休；（2）若未经过上级领导批准，员工延长工作时间等行为，属于自愿行为，不视为加班。公司将员工手册以电子形式发送给常某。公司规定的考勤时间为上午9：00—12：00，下午13：30—18：00，常某每日指纹考勤。常某通过公司的移动工作平台系统申请平日延时加班26.58小时，起始时间均自21：00起。

2017年2月24日，常某向上海市闵行区劳动人事争议仲裁委员会申请仲裁，请求公司支付加班费等。上海市闵行区劳动人事争议仲裁委员会裁决网络公司支付加班费57404.13元。

就仲裁裁决，网络公司提起诉讼，请求包括判令无须支付常某加班工资。诉讼中，常某称，公司直接通过指纹考勤来确认加班时间给常某调休，偶尔通过加班审批，且21：00之后才算加班，可以提交加班申请。网络公司称，18：00—21：00的时间是给员工的晚餐和休息时间，因为单位安排的加班时间都会很长，所以18：00—21：00休息完后，在21：00以后视为员工加班时间。

（二）案件结果

1. 一审判决

一审法院认为，网络公司的员工手册适用于常某。公司主张18：00—21：00的时间为员工晚餐和休息时间，故自21：00起算平日延时加班，但未提供证据证明其就此已经向员工明确告知，且此项主张明显缺乏合理性。一审法院根据考勤记录，结合公司的移动工作平台系统申请记录，扣除常某的合理用餐休息时间，核算常某平日延时加班时间。最终酌情认定网络公司应支付常某2016年4月15日至2017年1月22日期间加班工资32000元。

2. 终审判决

二审法院认为，一审法院因网络公司规定 21：00 起算平日延时加班不合理，对于常某的平日延时加班依据考勤记录测算，并无不妥，故维持一审判决。

二、以案说法

本案与加班费相关的争议焦点有两个：一是员工手册是否可以作为认定常某和网络公司之间权利义务关系的依据；二是是否可以依据员工手册中的规定，否定常某 18：00—21：00 之间未经审批的加班进而不支付加班费。

（一）员工手册是否可以作为确认双方权利义务关系的依据

根据《中华人民共和国劳动合同法》第 4 条规定，用人单位制定、修改、决定涉及劳动者切身利益和重大事项的规章制度，至少需要符合以下两个条件，方能作为确定用人单位和劳动者之间权利义务关系的依据：（1）经过民主程序，即经职工代表大会或者全体职工讨论，提出方案和意见，与工会或者职工代表平等协商确定；（2）向劳动者公示。

本案中，对于网络公司的员工手册，法院认定公司已将该员工手册向常某进行了发送，即已经向常某进行了公示，常某知悉员工手册相关内容。因此，该员工手册可以适用于常某，并作为确认双方权利义务关系的依据。

（二）能否依据员工手册否定常某未经审批的加班

本案中，因员工手册适用于常某，常某应当遵守其中关于加班审批的规定。但结合常某、网络公司均陈述平日 21：00 之后算加班，常某在"云之家"系统申请的平日加班均在 21：00 之后的事实，平日 21：00 之前，常某无法在公司的移动工作平台系统申请加班审批。对于平日 18：00—21：00 无法申请加班审批的事实，网络公司给出的解释是，该段时间是给员工的晚餐和休息时间，故在 21：00 以后视为员工加班时间。

法院认为，对于 18：00—21：00 是晚餐和休息时间，网络公司未能证明已经向员工明确告知，且网络公司的解释明显不具备合理性。在员工手册规定加班需要审批但公司事实上对于平日 18：00—21：00 的加班未提供审批渠道的情况下，对于网络公司提出的常某未经审批、不视为加班、不应支付加班费的主张，法院未予采纳。即未依据员工手册关于加班审批的规定，否定常某平日 18：00—21：00 未经审批的加班。法院根据常某考勤记录，结合移动工作平台系统的加班申请记录，扣除常某合理的用餐休息时间，核算常某平时延时加班时间，判令网络公司支付其相关加班费。

三、专家建议

用人单位制定、修改规章制度，实行用工管理，本无可厚非。但如果规章制度未经民主程序、未向员工公示，或者规章制度本身内容违法、明显不合理，或者用人单位设置各种障碍阻碍员工按照规章制度获取相关权益，均会被认定为侵害劳动者合法权益。用人单位应当通过技术革新、提升管理水平等合法途径降本增效，而不能通过规章制度排除劳动者权利、规避应当承担的用工成本。对于用人单位通过规章制度损害劳动者合法权益的行为，劳动者应积极维权，劳动仲裁委员会、人民法院在相关案件中，会依法予以审查，保护劳动者的合法权益。

四、关联法条

《中华人民共和国劳动合同法》第 4 条。

未休年假工资如何计算

带薪年休假，俗称年假，是连续工作满一年的劳动者依法应享受的带薪假期。用人单位确因工作需要不能安排劳动者休年假的，劳动者应休未休的年假天数，用人单位应当按照劳动者日工资收入的300%支付工资。实践中，在劳动合同解除、终止相关的劳动争议中，要求用人单位支付未休年假工资是劳动者一方的常见请求。劳动者也应了解年假的享有条件、天数、未休年假工资的计算方式，以维护自身合法权益。

一、案例简介①

（一）基本案情

2017年9月1日，邢某入职某会计服务公司，双方签订劳动合同，期限自2017年9月1日至2020年8月31日。其中约定邢某从事会计工作，每周工作5天、每天工作8小时。

2018年3月，邢某流产，苏州市立医院出具病假证明书，建议休假一个月。

2019年9月16日，公司向邢某发出解除劳动合同告知书，称因邢某自2019年8月26日起连续旷工3天以上、7月16日公司统一安排复核账务未在规定时间内完成工作任务、要求整改仍不

① 详可参见江苏省苏州市工业园区人民法院（2019）苏0591民初14239号民事判决书。

改正、擅自删除公司客户电子账套数据等事由，决定解除劳动合同。邢某离职前 12 个月平均工资为 5500.22 元。

邢某因苏州工业园区劳动争议仲裁委员会于 2019 年 12 月 5 日决定终结案件审理，遂于法定期限内起诉至苏州市工业园区人民法院。邢某的诉讼请求包括公司支付未休年假工资等。

（二）案件结果

苏州市工业园区人民法院认为，邢某 2018 年年假为 5 天、2019 年根据邢某在职时间折算年假为 3 天，邢某 2018 年 3 月系因流产休假，并非法定年假，会计服务公司未提供证据证实邢某已休法定年假。因会计服务公司已支付邢某未休年假上班期间的（正常）工资，故判决会计服务公司向邢某支付未休年假工资差额 4046.14 元（5500.22/21.75 × 8 × 200%）。

二、以案说法

本案与年假工资相关的争议焦点有两个：一是邢某是否享有年假；二是邢某年假工资应当如何计算。

（一）劳动者享有年假的条件

根据《中华人民共和国劳动法》《职工带薪年休假条例》和《企业职工带薪年休假实施办法》规定，劳动者享有年假需连续工作满一年，且劳动者存在以下情形的，不享有当年年假：（1）依法享受寒暑假，其休假天数多于年假天数的；（2）请事假累计 20 天以上且单位按照规定不扣工资的；（3）累计工作满 1 年不满 10 年的职工，请病假累计 2 个月以上的；（4）累计工作满 10 年不满 20 年的职工，请病假累计 3 个月以上的；（5）累计工作满 20 年以上的职工，请病假累计 4 个月以上的。劳动者累计工作已满 1 年不满 10 年的，年假 5 天；已满 10 年不满 20 年的，年假 10 天；已满 20 年的，年假 15 天。劳动者依法享受的探亲假、婚丧假、产假等国家规定的假期以及因工伤停工留薪期间不计入年休假假期。

本案中，邢某于 2018 年 3 月流产，苏州市立医院出具病假证明书，建议休假一个月。虽然医院开具的系病假证明书，但是从相关劳动法规角度，邢某流产休假属于"产假"，而非"病假"。且即便认为流产休假属于病假，邢某休假时间亦不足两个月，故邢某不存在前述不应享有当年年假的情形。因此，在会计服务公司未能证明邢某已休年假的情况下，邢某应当享有 2018 年、2019 年年假。根据邢某的累计工作年限，邢某每年享有 5 天年假。因邢某与会计服务公司的劳动关系于 2019 年 9 月 16 日解除，未工作满 2019 年，对于邢某 2019 年年假，应当根据《企业职工带薪年休假实施办法》第 12 条规定予以折算，经折算不足 1 天的部分，不支付未休年假工资，如用人单位已安排劳动者休假天数超过折算应休年假天数的，不再扣回。经折算，邢某 2019 年年假为 3 天。

（二）年假工资的计算方案

根据《职工带薪年休假条例》《企业职工带薪年休假实施办法》，未休年假工资应按照劳动者日工资的 300% 支付。本案中，法院已经查明邢某 2018 年、2019 年应休未休的年假共计 8 天。对于该 8 天未休年假，会计服务公司应当按照邢某日工资的 300% 进行支付。

但是，需要注意的是，对于前述 300% 工资，因为会计服务公司已支付邢某未休年假上班期间的正常工资，即已经支付100%，其应当向邢某支付的是工资差额，即剩余 200%，而非支付 300%。故法院根据每月法定计薪天数 21.75 天、邢某工资 5500.22 元，计算公司应支付邢某未休年假工资差额 4046.14 元（5500.22/21.75 × 8 × 200%）。

三、专家建议

年假是劳动者依法应当享受的带薪假期，探亲假、婚丧假、产假等国家规定的假期以及因工伤停工留薪期间不计入年休假假期。用人单位应依法保障劳动者休年假的权利，对于用人单位确因工作需要不能安排劳动者休年假的，应当按照劳动者日工资收入的 300% 支付工资。劳动者也应了解年假的享有条件、天数、未休年假工资的计算方式，以确认用人单位关于年假的相关安排是否符合法律规定，从而维护自身合法权益。

四、关联法条

《中华人民共和国劳动合同法》第 45 条；

《职工带薪年休假条例》第 3 条、第 4 条、第 5 条；

《企业职工带薪年休假实施办法》第 6 条、第 11 条、第 12 条。

在发放年终奖前离职还能主张年终奖吗

发放年终奖是用人单位吸引、激励、挽留劳动者的重要手段之一，用人单位根据本单位的经营状况、员工的业绩表现等，自主确定奖金发放与否、发放条件，是用人单位自主经营权的重要体现。通过规章制度等合理设置年终奖的发放金额、发放条件，有助于提高用人单位的吸引力、竞争力。但用人单位设置年终奖发放条件时，应当兼顾合理性，对于发放前已经离职的员工，应当考量离职原因、时间、工作表现和对用人单位的贡献程度等因素，不宜对于离职员工一律不发放年终奖。

一、案例简介①

（一）基本案情

房某于 2011 年 1 月入职某保险公司，双方之间签订的最后一份劳动合同期限为 2015 年 7 月 1 日至 2017 年 6 月 30 日。合同期满后双方未签订书面劳动合同，但房某仍继续在该保险公司工作。房某离职前，在公司担任战略部高级经理一职。

2017 年 10 月，保险公司对自身组织架构进行调整，决定撤销战略部，房某所任职的岗位因此被取消。因双方就变更劳动合同等事宜协商未果，2017 年 12 月 29 日，保险公司以客观情况发生

---

① 详可参见上海市黄浦区人民法院（2018）沪 0101 民初 10726 号民事判决书。

重大变化、双方未能就变更劳动合同协商达成一致为由，向房某发出解除劳动合同通知书。

保险公司员工手册规定：年终奖根据公司政策，按公司业绩、员工表现计发，前提是该员工在当年度 10 月 1 日前已入职，若员工在奖金发放月或之前离职，不能享有年终奖。

2018 年 1 月 11 日，房某向上海市黄浦区劳动人事争议仲裁委委员会申请仲裁，请求公司支付 2017 年度年终奖等。上海市黄浦区劳动人事争议仲裁委驳回了房某关于 2017 年年终奖的请求。

房某不服仲裁裁决，起诉至法院，要求公司支付 2017 年年终奖 13.86 万元。

（二）案件结果

1. 一审判决

庭审中，保险公司确认系以员工手册中规定的年度绩效激励奖金作为发放年终奖的依据，认可年终奖实际发放的时间是次年 3 月，发放之前会对员工进行考核以确定发放的比例。保险公司承认，以往每年向房某发放年终奖。

一审法院认为，企业对年终奖发放具有自主权，案涉保险公司的奖金发放规则明确了何种情形下不予发放，房某在公司发放 2017 年度奖金之前已经离职，符合不予发放的情形，故驳回房某支付 2017 年年终奖的请求。

2. 终审判决

二审法院认为，用人单位有权根据本单位的经营状况、员工的业绩表现等，自主确定奖金发放与否、发放条件及发放标准，但是用人单位制定的发放规则仍应遵循公平合理原则。年终奖发放之前已经离职的劳动者可否获得年终奖，应当结合劳动者离职的原因、时间、工作表现和对单位的贡献程度等多方面因素综合

考量。本案劳动合同被解除并非房某的主观过错导致，且在 2017
年度，房某已在某保险公司工作满该年度。根据双方提交的证据，
二审法院查明房某年终奖为其年薪的 30%，撤销一审判决相关判
项，改判保险公司支付房某年终奖 13.86 万元。

二、以案说法

本案系最高人民法院发布的 183 号指导案例，争议焦点为发
放时已经离职的员工，用人单位可否依据规章制度规定，不予发
放年终奖。

（一）年终奖的性质

就年终奖的性质，《中华人民共和国劳动法》《中华人民共和
国劳动合同法》均未明确规定。实践中，对于其性质存在"劳动
报酬"和"额外福利"的不同理解。但因《关于工资总额组成的
规定》及《〈关于工资总额组成的规定〉若干具体范围的解释》中
规定劳动报酬包括奖金，奖金包括生产奖等，年终奖（劳动分红）
属于生产奖，因此司法实践中相对多数观点倾向于认为年终奖属
于劳动报酬。

虽然倾向于认定年终奖属于劳动报酬，但是为了保障用人单
位的自主经营权，对于年终奖的发放，不同于劳动报酬中的计时
工资、计件工资、加班工资，用人单位有权根据自身经营情况、
对员工的绩效评价等因素，决定是否发放，按照何种条件、标准
发放年终奖。如用人单位对于年终奖发放的金额、条件等事项已
经通过劳动合同与劳动者进行了明确约定，或者用人单位通过规
章制度形式明确了年终奖发放相关事项，劳动者应当受到劳动合
同、规章制度约束。

（二）发放前已经离职的员工是否享有年终奖

案涉保险公司规章制度中明确规定，年终奖发放时已经离职的员工不享有年终奖。对于该规章制度，是否可以作为排除房某享有 2017 年年终奖的依据，两审法院持有不同观点。

从尊重单位自主经营权角度，用人单位有权通过规章制度形式，确认年终奖的发放条件等事项，但一旦发生劳动争议，劳动仲裁委、法院除了考虑规章制度是否经过民主程序、是否向员工公示、是否违反法律强制性规定外，还会考虑规章制度是否具有合理性。即会从公平合理角度，审视规章制度的相关规定。

本案中，二审法院在认定保险公司是否应当支付房某 2017 年年终奖时，考量了以下因素：（1）解除劳动合同的原因，系保险公司裁撤部门、与房某协商调岗未果，属于因客观情况发生变化解除，并非房某过错。（2）房某离职时间，房某离职时已经工作满 2017 年度。（3）房某的工作表现、业绩。保险公司未证明房某工作业绩、表现等方面不符合规定，应认定房某在 2017 年度为公司付出了一整年的劳动且正常履行了职责，为公司作出了应有的贡献。基于对前述因素的综合分析、考量，二审法院认定保险公司基于规章制度，因房某离职，不支付其 2017 年年终奖，明显缺乏公平、合理性，并在查清了房某年终奖标准基础上，改判支持了房某要求支付 2017 年年终奖 13.86 万元的请求。

三、专家建议

就年终奖的发放，企业自主经营权与员工取得劳动报酬权之间可能存在一定冲突。司法实践中对于该类案件，需在综合考量劳动者离职原因、离职时间、工作业绩、表现等因素，兼顾尊重用人单位自主经营权与保护劳动者取得劳动报酬权利之间的平衡的基础上，进行裁判。用人单位在制定年终奖相关规章制度时，除注意审查合法性外，还应兼顾规章制度内容的合理性，否则规章制度存在不被认可的风险。劳动者应当充分学习了解本单位规章制度，了解自身相关法律风险，如（非因用人单位过错）劳动者主动辞职可能无法获得当年年终奖，维护自身合法权益。

四、关联法条

《关于工资总额组成的规定》第 3 条、第 4 条、第 7 条；

《〈关于工资总额组成的规定〉若干具体范围的解释》第 2 条。

不得仅以未经审批程序为由
拒绝发放绩效奖金

绩效奖金是用人单位设置的、在劳动者满足一定业绩条件时予以支付的奖金，属于劳动者劳动报酬的一部分。部分用人单位在规定绩效奖金取得条件时，会同时设置实质性条件和程序性条件。实质性条件如具体的业绩指标；程序性条件如绩效奖金发放的审批流程。在用人单位不能证明劳动者不符合绩效奖金发放的实质性条件、仅以未经审批程序为由拒绝发放绩效奖金时，该行为已经严重损害劳动者合法权益，不能获得支持。

一、案例简介 ①

（一）基本案情

2017年2月，彭某入职南京某公司担任投资开发部经理。南京某公司于2016年8月发布的奖励办法中规定，成功引进商品房项目的，公司将综合考虑项目规模、年化平均利润值合并表等综合因素，以项目审定的预期利润或收益为奖励基数，按照0.1%—0.5%确定奖励总额。该奖励由投资开发部拟定各部门或其他人员的具体奖励构成后提出申请，经公司领导审议、审批后发放。

2017年6月，公司投资开发部形成会议纪要，确定部门内部

①　详可参见江苏省南京市中级人民法院（2018）苏01民终10066号民事判决书。

的奖励分配方案为经理（即彭某）占部门奖励的75%，其余项目参与人员占部门奖励的25%。

彭某在职期间，投资开发部成功引进6个项目。针对上述6个项目，投资开发部先后向公司提交了6份奖励申请。直至彭某离职，公司都未发放上述项目奖励。

彭某经劳动仲裁程序，于法定期限内诉至一审法院，要求公司支付奖励168.9万余元。案件审理过程中，公司认可案涉6个项目初步符合奖励办法规定的受奖条件，但以无锡等3个项目的奖励总额虽经审批但具体的奖金分配明细未经审批，以及徐州等3个项目的奖励申请未经审批为由，主张彭某要求其支付奖励的请求不能成立。法院询问如彭某现阶段就上述项目继续提出奖励申请，公司是否启动审批程序。公司明确表示拒绝审批，并表示此后也不会再启动6个项目的审批程序。

（二）案件结果

1. 一审判决

一审法院基于以下原因，驳回了彭某诉讼的请求：（1）徐州等3个项目奖励已申请，但未经审批，对于该3个项目的奖励请求不予支持；（2）无锡等3个项目虽经申请、审批，但双方均认可申请所指向的奖励的参与分配主体除投资开发部人员之外还包括其他配合的部门。在投资开发部内部，彭某与其他劳动者之间因会议纪要存在诸多瑕疵，不能按照会议纪要规定的彭某占75%进行分配，彭某未完成其举证责任，法院对彭某所主张的奖励金额、分配方案不予认可。

2. 终审判决

二审法院认为，对于无锡等已经审批的3个项目，南京某公司应当按照3个项目的奖励申请及其附件奖励分配表以及会议纪要，向彭某支付奖励。对于徐州等已经申请、未审批 3 个项目，根据现有证据无法直接确定彭某能享有奖励的准确数额。二审法院根据奖励办法，参照已经审批的 3 个项目，在 0.1%—0.5% 酌定奖励支付系数，并酌定在投资开发部和其他配合的部门之间，投资开发部获得全部奖励的 58%，在投资开发部获得的奖励中，按照会议纪要规定，75% 归属于彭某。二审法院撤销一审判决，核算彭某在 6 个项目中的奖励数额后，改判南京某公司支付彭某奖励 125.9 万余元。

二、以案说法

本案系最高人民法院发布的 182 号指导案例，争议焦点为南京某公司是否应依据奖励办法及投资开发部形成的会议纪要中规定的彭某奖励所占 75% 的比例，向彭某支付无锡等 6 个项目的奖励。

首先，奖励办法应适用于彭某。奖励办法系南京某公司制定、用于确定在成功引进商品房项目时，投资开发部及其他部门（人员）奖励的数额、分配方案及获取奖励的审批程序。彭某作为公司投资开发部的经理，在其认可并依据奖励办法向公司主张项目奖励时，双方应受到奖励办法的约束。现无锡等 3 个项目已经过审批，公司应向彭某支付项目奖励。

其次，案涉 6 个项目奖励申请未经审批或审批程序尚未完成，不能作为公司拒绝支付彭某相关奖励的合法事由。奖励办法规定了获得项目奖励的实质条件及程序，在彭某已经证明徐州等 3 个项目符合奖励支付实质性条件并已申请审批、公司亦认可项目初步符合奖励办法规定的受奖条件的情况下，进行审批既是公司的权利，也是公司应当履行的义务。在公司不能证明彭某不符合奖励的实质性条件、对其不予审批不能给出任何合理解释和事实依据的情况下，拒绝履行审批义务的行为已损害彭某的合法权益，应当向彭某支付相关项目奖励。

最后，在彭某与投资开发部其他劳动者之间，可以适用会议纪要，按照彭某占部门奖励的 75%、其余项目参与人员占部门奖励的 25% 的比例，计算彭某奖励。对于会议纪要，其真实性已经通过相关签字人员直接、间接确认等方式得到了确认。就其有效性，在公司无明确的规章制度规定部门奖金的分配权力归属于公司而非部门本身的情形下，因制度模糊所带来的不利后果应当由用人单位承担，投资开发部作为奖金的受领者，应有权决定该奖励的分配方案，彭某有权根据投资开发部形成的会议纪要，获取投资开发部奖励的 75%。

基于前述认定，二审法院在酌定奖励支付系数、投资开发部和其他配合的部门之间各奖金分配比例的基础上，核算彭某在 6 个项目中的奖励金额，撤销一审判决，改判南京某公司支付彭某奖励金额 125.9 万余元。

三、专家建议

在无特殊规定时，审批程序通常并非绩效奖金是否发放的实质性判断标准，其不能成为劳动者能否获得绩效奖金的实质评价要素。因此，用人单位仅以未经审批程序为由拒绝发放绩效奖金，其合法性难以获得认可。进一步地，用人单位还可能因为拒绝履行审批程序，被认定为为自身利益不正当阻碍绩效奖金支付条件成就，进而被认定为劳动者获得绩效奖金的条件已经成就。因此，用人单位在绩效奖金计算、发放时，如设置了特定审批程序，应当积极履行审批义务，如实质性条件不成就（业绩目标不达标），可以拒绝支付绩效奖金。劳动者宜遵守用人单位规定的审批程序进行申报、审批，但同时应了解审批程序并非获得绩效奖金的实质性阻碍条件，在用人单位出现拖延、拒绝审批时，应积极维护自身合法权益。

四、关联法条

《中华人民共和国民法典》第 159 条；

《关于工资总额组成的规定》第 4 条、第 7 条。

未经审批与劳动者约定执行不定时
工作制是否有效

日常用工较为常见的是标准工时制，即劳动者每日工作时间不超过 8 小时、平均每周工作时间不超过 40 小时、每周至少休息 1 天的工时制度。部分用人单位因生产特点等原因，不能实行标准工时制度时，可以经劳动行政部门审批，实施不定时工作制。实施何种工时制度关系到劳动者工作时间、加班时间的认定，关系到用人单位是否需要安排调休、支付加班费。法律对于适用不定时工作制规定了较为严格的条件，用人单位未经审批与劳动者约定不定时工作制，通常会被认定为无效。

一、案例简介 [①]

（一）基本案情

2017 年 11 月 1 日，张某与某物业公司签订了 3 年期的劳动合同，约定张某担任安全员，月工资为 3500 元，所在岗位实行不定时工作制。某物业公司于 2018 年 4 月向当地人力资源社会保障部门就安全员岗位申请不定时工作制，获批期间为 2018 年 5 月 1 日至 2019 年 4 月 30 日。

---

① 详可参见人力资源和社会保障部、最高人民法院联合发布的第一批劳动人事争议典型案例之十三：张某与某物业公司劳动合同纠纷案。

2018年9月30日，张某与公司经协商解除了劳动合同。双方认可2017年11月至2018年4月、2018年5月至2018年9月期间，张某分别在休息日工作15天、10天，公司既未安排调休也未支付休息日加班工资。张某要求公司支付上述期间休息日加班工资，公司以张某实行不定时工作制为由未予支付。

2018年10月，张某向劳动人事争议仲裁委员会申请仲裁，要求公司支付2017年11月至2018年9月的休息日加班工资共计8046元（3500/21.75×25×200%）。劳动人事争议仲裁委员会裁决公司支付张某加班工资4828元（3500/21.75×15×200%）。

（二）案件结果

1. 一审判决

张某不服仲裁裁决提起诉讼，一审法院判决结果与仲裁裁决一致。

2. 终审判决

二审法院维持了一审判决。

二、以案说法

本案中，双方的争议焦点是：物业公司与张某约定实行不定时工作制是否有效、张某加班费如何计算。

（一）不定时工作制实施条件

不定时工作制是与标准工时制相对的概念，标准工时制下劳动者每日工作时间不超过8小时、平均每周工作时间不超过40小时、每周至少休息1天。部分用人单位因自身生产特点或承担特殊职责，无法按照标准工时制安排劳动者工作、休息，不定时工作制因其可以弹性安排劳动者工作时间的特性，成为前述用人单位的宠儿。

《劳动部关于企业实行不定时工作制和综合计算工时工作制的审批办法》（以下简称《审批办法》）在《中华人民共和国劳动法》（以下简称《劳动法》）的基础上，进一步对可以适用不定时工作制的岗位进行了列举，包括：（1）企业中的高级管理人员、外勤人员、推销人员、部分值班人员和其他因工作无法按标准工作时间衡量的劳动者；（2）企业中的长途运输人员、出租汽车司机和铁路、港口、仓库的部分装卸人员以及因工作性质特殊，需机动作业的劳动者；（3）其他因生产特点、工作特殊需要或职责范围的关系，适合实行不定时工作制的劳动者。

为了防止用人单位滥用不定时工作制，侵害劳动者休息权、获得（加班工资）劳动报酬权，《审批办法》规定，用人单位需要经过审批方能实行不定时工作制。

（二）用人单位未经审批与劳动者约定不定时工作制通常无效，需支付相应加班费

本案中，经物业公司申请，其获批自2018年5月1日至2019年4月30日对安全员岗位实行不定时工作制。但张某在2017年11月1日入职时，物业公司未获批对安全员岗位实施不定时工作制。

"经过审批"这一要求通常被认定为具有强制性。2017年11月1日至2018年5月1日期间，物业公司与张某关于不定时工作制的约定因未获得审批而无效，这期间张某应当适用标准工时制。本案中，劳动仲裁委员会及两审法院，依据双方均认可的2017年11月至2018年4月张某在休息日工作15天且未调休这一事实，基于休息日加班用人单位应当按照不低于本人工资标准的200%支付工资的规定，计算并判令物业公司向张某支付加班工资4828元。

但需要说明的是，部分地区对不定时工作制是否需要审批，有特殊规定。例如，《关于印发北京市企业实行综合计算工时工作制和不定时工作制办法的通知》（京劳社资发〔2003〕157号）第16条第2款规定，企业中的高级管理人员实行不定时工作制，不办理审批手续。

此外，近年来随着用工形态的多元化及司法实践对不定时工作制应当审批的态度有所松动。在部分案件中，对于健身教练等符合不定时工作制特点的岗位，即便不定时工作制未经审批，也不支持劳动者主张的加班工资。理由是劳动者薪酬中除基本工资外，还包含课时费、业绩提成等项目，劳动者的工作单位已经支付合理对价。[①]

三、专家建议

不定时工作制为用人单位安排劳动者工作时间提供了弹性空间，用人单位应当严格遵守相关审批制度，及时申报审批，避免因未经审批而被认定不定时工作制无效。当然，用人单位也不能认为进行了不定时工作制审批，即可一劳永逸，而对劳动者工作时间进行随意安排。对于实行不定时工作制的岗位，仍应根据《劳动法》等相关规定，在保障劳动者身体健康并充分听取劳动者意见的基础上，采用集中工作、集中休息、轮休调休、弹性工作时间等适当方式，确保劳动者的休息休假权利。劳动者应在了解工时相关规定的基础上，确认用人单位实行不定时工作制是否合法、合规，以维护自身合法权益。

---

① 详可参见南京市中级人民法院发布的2019年度劳动人事争议十大典型案例之三：姚某与某体育发展公司劳动争议纠纷上诉案。

四、关联法条

《中华人民共和国劳动法》第 36 条、第 38 条、第 39 条；

《国务院关于职工工作时间的规定》第 3 条、第 5 条；

《劳动部关于企业实行不定时工作制和综合计算工时工作制的审批办法》第 3 条、第 4 条、第 6 条、第 7 条。

变更劳动报酬虽未书面确认
但已实际履行的效力认定

劳动报酬是劳动合同的必备条款，劳动者和用人单位都会对劳动报酬予以高度关注。实务中，劳动报酬的变更，虽然多采用书面形式，但也不乏仅通过口头方式进行变更的实例，特别是在用人单位调升工资的情境下。对口头协商一致的劳动报酬变更，虽未采用书面形式，如已经实际履行超过一个月，且不违反法律、行政法规及公序良俗，亦应认定变更有效。

一、案例简介①

（一）基本案情

吴某于2014年4月1日入职沈阳某食品公司，任采购部经理。2021年9月19日，双方解除劳动关系。工作期间，吴某工资经过多次变更：2017年7月至2018年4月工资为13000元/月、2018年5月至2021年5月工资为8000元/月、2021年6月至2021年9月工资为12000元/月。支付方式为：由沈阳某食品公司及公司法定代表人崔某通过银行账户转账支付。

2021年10月27日，吴某向沈阳市苏家屯区劳动人事争议仲裁委员会申请劳动仲裁，要求公司支付少发的工资。沈阳市苏家

① 详可参见辽宁省沈阳市中级人民法院（2023）辽01民终10075号民事判决书。

屯区劳动人事争议仲裁委员会裁决沈阳某食品公司支付吴某少发的工资 25.65 万元。

食品公司不服劳动仲裁裁决，起诉要求判令无须支付沈某2018 年 5 月至 2021 年 9 月 19 日少发的工资 25.65 万元。庭审中，吴某主张从 2018 年 5 月至 2021 年 5 月每月工资均少发 7000元。吴某自述其入职公司后工资经过多次调整，调整工资的事实均未通过书面劳动合同进行变更，2018 年 5 月起双方就劳动报酬变更劳动合同后，吴某在公司继续任职直至 2021 年 9 月解除劳动关系。

（二）案件结果

1. 一审判决

一审法院认为，对于 2018 年 5 月之后调整工资报酬的行为，虽未采用书面形式，但双方已经实际履行超过一个月，且吴某在职期间未就调整工资事实向公司主张过权利，故应视为吴某知晓并认可该薪酬制度，现主张支付 2018 年 5 月起少发工资缺乏证据，一审法院不予支持，判决沈阳某食品公司无须支付沈某 2018年 5 月至 2021 年 9 月 19 日少发的工资 25.65 万元。

2. 终审判决

二审法院认为，吴某主张从 2018 年 5 月至 2021 年 5 月每月工资均少发 7000 元，但鉴于吴某没有证据证明在长达 3 年的时间里，曾就每月少发 7000 元工资向公司主张过权利，一审法院结合本案具体情况，对吴某主张的上述期间每月少发 7000 元不予确认并无不当。但因公司不能证明已经支付吴某 2021 年 9 月工资，二审法院撤销一审判决，改判公司支付吴某 2021 年 9 月工资7090.9 元。

二、以案说法

本案中，双方的争议焦点是：吴某工资是否已经发生变更、公司是否需要支付少付的工资。

首先，《中华人民共和国劳动合同法》（以下简称《劳动合同法》）规定劳动关系建立应当签订书面劳动合同，劳动合同的变更应当采用书面形式，且规定劳动报酬为劳动合同的必备条款。因此，根据前述规定，就劳动合同中劳动报酬的变更，原则上应采用书面形式。

其次，作为《劳动合同法》书面变更原则性规定的例外，根据《最高人民法院关于审理劳动争议案件适用法律问题的解释（一）》（以下简称《解释一》），满足以下两个条件，可以认定变更有效：（1）协商一致变更劳动合同，已经实际履行了口头变更的劳动合同超过一个月；（2）变更后的劳动合同内容不违反法律、行政法规且不违背公序良俗。本案中，法院正是基于吴某工资已经变更3年多，但吴某未提出异议，认定吴某知晓并认可该变更，进而认定双方之间劳动合同已经通过实际履行方式进行了变更。

最后，需要特别说明的是，虽有《解释一》的规定作为通过实际履行变更劳动报酬的依据，但是司法实践中，并非对于任何超过一个月员工未提出异议的变更，均认定构成通过实际履行变更劳动报酬。在用人单位提高劳动者劳动报酬的情况下，劳动者通常会主张已通过实际履行变更了劳动报酬，劳动仲裁委、法院考虑到用人单位对劳动报酬支付具有主动性和管理性，从保护劳动者利益角度，通常也倾向于认可该变更效力。但在用人单位降低劳动者劳动报酬的情况下，有劳动仲裁委、法院会基于《解释一》设置了"协商一致"这一前提条件，要求用人单位提供"协商一致"的证据。但因协商系口头进行，或者实际并未协商，用人单位仅通过员工默示行为认定员工知悉、认可变更，用人单位举证通常会比较困难，此时变更效力很可能会被否定。

三、专家建议

满足特定条件时，劳动报酬可以通过实际履行行为进行变更。但无论是对用人单位还是劳动者，从预防劳动争议、后续便于举证等角度，对于劳动报酬变更，仍应尽可能采用书面形式以明确变更内容。如已经先行通过口头协商一致进行了变更，并已实际履行，后续仍宜选择合适时机，通过签订书面变更文件的方式，对该等变更进行确认、固定。

四、关联法条

《中华人民共和国劳动合同法》第 10 条、第 17 条、第 35 条；
《最高人民法院关于审理劳动争议案件适用法律问题的解释（一）》第 43 条。

第三章　社会保险与福利

劳动者同意放弃缴纳社保是否有效

为了保障公民在年老、疾病、工伤、失业、生育等情况下依法从国家和社会获得物质帮助的权利，我国建立了基本养老保险、基本医疗保险、工伤保险、失业保险、生育保险等社会保险制度，劳动者应当依法参加上述社会保险，并依法由用人单位和劳动者缴纳相关社会保险费。但是，部分用人单位为了减少用人成本，要求与劳动者签订不缴纳社会保险的协议，或要求劳动者出具书面声明自愿放弃缴纳社保，而有的劳动者亦出于提高到手工资，或保住工作岗位等目的，主动或被动地配合用人单位作出上述约定或承诺。殊不知，该等行为对双方而言都存在法律风险。

一、案例简介[①]

（一）基本案情

周某某于 2019 年 8 月入职某制品店，劳动合同期限为 2019 年 8 月 13 日至 2021 年 8 月 13 日。入职时，周某某与案涉制品店签订员工自愿放弃社保协议，约定：周某某向制品店明确表示不愿意参加国家规定的社会保险，要求不要在其工资中扣除社保费用；制品店每月向周某某支付社会保险补贴 900 元，与月工资一同发放。周某某在职期间，制品店未为其缴纳社会保险费，周某

---

① 详可参见湖北省武汉市中级人民法院（2022）鄂 01 民终 6420 号民事判决书。

某自行在流动人员专户缴纳了任职期间的社会保险费 28223.58 元。

双方劳动合同期满后未能续订劳动合同，周某某要求制品店（于 2021 年 9 月 17 日注销）经营者李某某向其支付社保费用 50176 元。李某某则主张，周某某入职时即表明其为"灵活就业人员"，不愿意变更缴纳方式，因此双方才作出上述约定，现制品店已履行支付社会保险补贴的义务，周某某要求赔偿社会保险费违反诚实信用原则；且 2020 年 2 月起，武汉市免征基本养老保险的单位缴费部分 5 个月，即使要缴纳社保，也应有 5 个月豁免期。

（二）案件结果

1. 一审判决

一审法院认为，用人单位应当依法缴纳基本养老保险费，周某某与案涉制品店签订的员工自愿放弃社保协议违反法律强制性规定，应属无效。因制品店未为周某某缴纳社会保险费，对于周某某自行缴纳的社会保险费 28223.58 元，李某某应当予以赔偿。因此，一审判决李某某向周某某赔偿社会保险费损失 28223.58 元。

2. 终审判决

二审法院维持一审判决。二审法院认为，用人单位依法为劳动者缴纳社会保险的法定义务不因双方当事人的协议而免除。虽然周某某通过签订员工自愿放弃社保协议明确表示不参加国家规定的社会保险，但该协议并不能免除案涉制品店的法定义务，周某某在流动人员专户缴纳的社保费用，应由制品店负担。另外，二审法院认为制品店未依法缴纳社保，不应享受社保减免方面的政策，因此不予支持其关于扣减 5 个月单位缴费部分的主张。关于制品店每月向周某某支付的社保补贴，二审法院指出制品店可在支付损失后再依法另行向周某某主张，本案中不予以解决。

二、以案说法

本案中，与社保相关的争议焦点主要在于两方面：第一，劳动者自愿放弃缴纳社保是否有效，是否可以免除用人单位缴纳社保费用的义务；第二，如果该等放弃无效，用人单位应当承担何种责任。

（一）劳动者自愿放弃缴纳社保是否有效

根据《中华人民共和国社会保险法》相关规定，中华人民共和国境内的用人单位和个人依法缴纳社会保险费，个人有权监督本单位为其缴费情况，用人单位应当依法缴纳各项社会保险费用，这是用人单位的法定义务，劳动者同意或自愿放弃缴纳社保并不能免除用人单位为其缴纳社保的法定义务。

本案中，虽然周某某与制品店签订了员工自愿放弃社保协议，但该协议违反了法律的强制性规定，应属无效，并不能免除制品店为周某某缴纳社会保险费的法定义务。因此，一审、二审法院均认定员工自愿放弃社保协议无效，不能免除制品店为周某某缴纳社会保险费的法定义务。

（二）用人单位应当承担何种责任

为劳动者缴纳社会保险是用人单位的法定义务，在劳动者自愿放弃缴纳社保因违反法律强制性规定而无效的情况下，用人单位应当承担由此而产生的风险，对劳动者因未缴纳社会保险而产生的损失承担赔偿责任。

在用人单位未为劳动者缴纳社会保险的情况下，劳动者或用人单位常见的损失可能包括：（1）劳动者因无法享受保险待遇所产生的损失，例如发生工伤但无法享受工伤待遇、达到法定退休年龄后不能领取基本养老金等；（2）劳动者自行缴纳社保产生的费用；（3）劳动者对放弃缴纳社保反悔并要求用人单位为其补缴社保，导致用人单位产生滞纳金损失。即使劳动者明确放弃缴纳社保，无论该等放弃是劳动者主动要求或被动同意的，用人单位均需要对该等损失承担相应的法律责任。

本案中，制品店未履行其为周某某缴纳社会保险费用的法定义务，导致周某某在任职期间自行缴纳了社会保险费，由此而产生的损失应当由制品店承担。并且，由于制品店未依法为周某某缴纳社保，因此对于国家对用人单位在社保缴纳方面的减免政策，制品店也不应享有，故二审法院未支持李某某关于扣除 5 个月单位缴费部分的主张。不过，在员工自愿放弃社保协议无效的情况下，制品店向周某某支付的社会保险补贴也丧失了合同依据，因此二审法院也明确提到，制品店可以就该等社会保险补贴另行向周某某主张。

三、专家建议

劳动者应当对依法足额缴纳社会保险有足够的重视，不要轻易签署放弃缴纳社保的协议或承诺书。虽然放弃缴纳社保可能会使得当下的到手工资有所提高，但劳动者在发生工伤、退休等情形时，也将面临无法享受相应保险待遇的困境，即使可以向用人单位追索相应的赔偿，也不得不耗费大量的时间和精力，甚至可能在事实上无法追索，例如前用人单位已注销而难以找到责任人等情形。此外，在劳动者自愿放弃缴纳社保的情况下，劳动者以用人单位未缴纳社保导致其被迫辞职为由要求用人单位支付经济补偿金的，通常也难以得到支持。

四、关联法条

《中华人民共和国社会保险法》第 2 条、第 4 条。

劳动者有过错可以申请工伤认定吗

工伤保险是为保障因工作遭受事故伤害或患职业病的劳动者获得医疗救助和经济补偿、促进工伤预防和职业康复以及分散用人单位工伤风险而建立的一项制度，用人单位应当依法参加工伤保险，为劳动者缴纳工伤保险费。劳动者发生事故伤害或患职业病时，应当由社会保险行政部门依据法律规定进行工伤认定，被认定为工伤或视同工伤的，依法享受工伤保险待遇。现实中，劳动者遭受事故伤害常常并非仅是因他人或客观原因造成，劳动者本人对于事故的发生可能也存在一定程度的过错，该等过错是否会对工伤认定造成影响？

一、案例简介①

（一）基本案情

孙某某系某公司员工。2003 年 6 月 10 日上午，公司派孙某某去机场接人，孙某某从公司领取汽车钥匙和汽油票后，从公司所在楼层下楼前往停放汽车处开车，但在行至一楼门口台阶时脚下一滑，从四层台阶处摔到地面上，医院诊断为颈髓过伸位损伤合并颈部神经根牵拉伤、上唇挫裂伤、左手臂擦伤、左腿皮擦伤。孙某某于 2003 年 12 月 15 日提出工伤认定申请，劳动局于 2004

---

① 详可参见天津市高级人民法院（2005）津高行终字第 0034 号行政判决书。

年 3 月 5 日作出工伤认定决定书，认为没有证据表明孙某某的摔伤事故系由"工作原因"造成，故决定不认定孙某某摔伤事故为工伤事故。

孙某某不服，向法院提起行政诉讼。案涉劳动局认为，孙某某摔伤地点是商业中心一楼门口台阶处，既非公司营业场所，亦非孙某某所开的汽车内，不属于工作场所；另外，孙某某摔伤并非因其工作任务（即开车）或雨雪天气等客观原因所致，而是因为其个人精力不集中导致，因此孙某某摔伤不属于因"工作原因"致伤的法定情形。

（二）案件结果

1. 一审判决

一审法院认为，孙某某是接受本单位领导的指派，开本公司的汽车去完成工作任务，但其接受任务从公司所在八楼乘电梯到院内停放公司轿车处去开汽车时，应该属于在工作时间和工作场所内，是为了完成工作任务，故孙某某摔伤是因"工作原因"；且孙某某当时并未驾车离开公司所在院内，不属于因公外出期间，故劳动局所作工伤认定决定书适用法律错误。一审法院判决撤销劳动局所作工伤认定决定书，并判决劳动局在判决生效后 60 日内重新作出具体行政行为。

2. 终审判决

二审法院认为，关于"工作场所"，孙某某要开的汽车停放在商业中心一楼院内，孙某某要完成开车的工作任务，必然要经过商业中心一楼门口台阶，该空间与孙某某的工作场所紧密相连，将其认定为孙某某的工作场所符合立法本意；关于"工作原因"，因《工伤保险条例》未将工作任务与伤害结果之间的因果关系规定为认定工伤的法定条件，亦未将个人主观过错作为认定工伤的排除条件，故劳动局认为孙某某摔伤不属于因"工作原因"的依据不足。因此，二审法院维持一审判决，驳回劳动局上诉。

二、以案说法

本案中，与工伤认定相关的争议焦点之一在于孙某某因其个人主观过错摔伤是否仍能够认定工伤。

关于工伤及视同工伤的认定条件，《工伤保险条例》从正反两方面分别进行了规定，即《工伤保险条例》第14条和第15条从正面规定了应当认定为工伤及视同工伤的情形，第16条则从反面规定了不应当认定为工伤或视同工伤的情形。其中，不应认定为工伤或视同工伤的情形包括：（1）故意犯罪的；（2）醉酒或者吸毒的；（3）自残或者自杀的。《工伤保险条例》第16条对不应认定工伤或视同工伤情形的规定是封闭式的，并没有采用类似于"法律法规规定的其他情形"的开放式规定，也就是说，不应认定工伤或视同工伤的情形只有上述三种。

从上述规定可以看出，法律对于劳动者的部分过错（故意犯罪、醉酒或吸毒、自残或自杀）是明确持否定态度的，这是因为上述过错的性质十分恶劣，如不对此持否定评价，很可能产生错误的引导效应，对工伤保险制度也是一种损害。

但是，劳动者作为普通人，不应苛求其在任何场合都能做到毫无过错，如果劳动者在履行工作职责过程中出现任何过错都将导致劳动者无法享受工伤保险待遇，这显然是不合理也不现实的，也将导致工伤保险制度保障因工作造成伤害的劳动者能够获得医疗救治和经济补偿的首要目的落空。工伤保险应遵循无过失补偿原则，即无论工伤事故的责任在用人单位、受伤劳动者本人还是其同事，均应按照法定的工伤保险待遇标准对劳动者给予经济补偿。因此，《工伤保险条例》仅将恶劣程度最高的几种情形明确规定为排除工伤或视同工伤认定的情形，而劳动者履行工作职责中存在过失的，不属于排除工伤认定的法定情形，不能阻却劳动者受伤与其履行工作职责之间形成一定的关联关系。

本案中，孙某某在前往汽车存放地点时经过商业中心一楼门口台阶，诚然，其应该在上下楼梯时尽量谨慎、避免分心，如果孙某某十分小心，也许确实可以避免摔伤事件的发生。但是，孙某某作为一个普通的自然人，不可能要求其在工作时间内均能够保持最佳的工作状态和专注程度，只要其摔伤行为并非《工伤保险条例》第16条规定的三种情形之一，就不应当以孙某某对摔伤存在过错为由不予认定工伤。基于此，一审、二审法院均认为劳动局认为孙某某摔伤不属于因"工作原因"的依据不足，并判决撤销该工伤认定决定书。

需要注意的是，这并不意味着劳动者所有的过错都不会产生排除工伤或视同工伤认定的后果。例如，根据《工伤保险条例》第14条第6项规定，劳动者在上下班途中受到非本人主要责任的交通事故或者城市轨道交通、客运轮渡、火车事故伤害的，应当认定为工伤。言下之意即是，如果上下班途中受到的交通事故伤害系因劳动者本人主要责任造成的，则不应当认定为工伤。

三、专家建议

劳动者如在履行工作职责时遭受任何伤害，应当及时且如实地向用人单位说明情况，保留一切相关证据材料，如事故责任认定书、调解记录、医疗票据等。劳动者应当督促用人单位及时向社会保险行政部门申请工伤认定（或在用人单位怠于申请时自行申请认定），以保障依法享受工伤保险待遇的权利。当然，劳动者在履行工作职责过程中也应当尽量避免不专注、不谨慎或不克制的行为，尽可能避免事故的发生，减少对本人及家庭的伤害。

四、关联法条

《工伤保险条例》第 1 条、第 14 条、第 15 条、第 16 条、第 17 条。

侵权赔偿和工伤待遇能否同时请求

　　现实生活中常常出现劳动者因第三人的侵权行为而造成工伤的情形，如，劳动者在上下班途中受到非本人主要责任的交通事故伤害；劳动者在工作时间和工作场所内，因履行工作职责而遭到他人殴打、暴力等意外伤害等。这种情况下，一方面，劳动者有权要求社会保险基金和用人单位支付医疗费、伙食补助费等工伤保险待遇；另一方面，劳动者也有权依法向侵权人请求包括医疗费、误工费等在内的人身损害赔偿。在二者存在重合的情况下，劳动者的权利范围如何确定、应当向谁主张权利，是需要厘清的问题。

一、案例简介①

（一）基本案情

　　某工程公司承建某项目，该项目已经参加工伤保险，周某某在该项目中从事木工工作。2019年4月8日，周某某在上班途中发生交通事故受伤，经交警部门认定承担次要责任。随后劳动部门认定周某某为工伤，经鉴定，周某某伤残程度为七级。2020年8月14日，周某某就事故损失提起机动车交通事故纠纷一案，并于2020年10月20日取得生效判决，认定周某某因交通事故造成

---

① 详可参见江苏省扬州市中级人民法院（2021）苏10民终3173号民事判决书。

的损失包括医疗费、护理费（按 90 天计算）、误工费（按 180 天计算）等共计 204201.59 元，并判决某保险公司对于超出交强险部分的损失承担 80% 赔偿责任。

2021 年 1 月 25 日，周某某提起劳动仲裁，要求工程公司支付医药费、护理费、停工留薪期工资等合计 640662.79 元。仲裁裁决工程公司支付周某某护理费差额、一次性工伤就业补助金及停工留薪期工资共计 57652.21 元。工程公司遂提起诉讼，请求判决其不承担相关费用，理由之一即停工留薪期工资、护理费已经在交通事故侵权案件中赔付，不应重复主张。

（二）案件结果

1. 一审判决

一审法院认为，关于停工留薪期工资，周某某住院共计 57 天，出院医嘱患肢暂定 1 个月内避免剧烈活动，因此仲裁委酌情认定被告停工留薪期为 3.5 个月并不畸高；虽然医疗费用不能在向侵权人追偿后又要求用人单位支付，但停工留薪期工资并不包含在医疗费用的范围之内。关于护理费，一审法院认为，周某某因本次交通事故造成的护理费损失已经由侵权案件的生效判决确认，且周某某已在侵权案件中获得 80% 赔偿，剩余 20% 应由工程公司支付。因此，一审法院判决工程公司支付周某某护理费差额、一次性工伤就业补助金及停工留薪期工资共计 57652.21 元。

2. 终审判决

二审法院认为，生活不能自理的工伤职工在停工留薪期需要护理的，由所在单位负责，周某某已通过侵权事故获得 80% 的护理费赔偿，剩余 20% 应当由所在公司承担。二审法院最终判决驳回上诉，维持原判。

二、以案说法

本案争议焦点主要在于周某某在已经获得侵权赔偿的情况下，是否还有权享受工伤保险待遇。具体又体现在两个方面：第一，在已经获得侵权人误工费赔偿的情况下，周某某是否还能向工程公司请求停工留薪期工资；第二，周某某是否有权向工程公司请求护理费差额。

根据《工伤保险条例》关于工伤保险待遇的相关规定，劳动者因工作遭受事故伤害或患职业病进行治疗的，可以依法享受工伤医疗待遇，包括由工伤保险基金支付的治疗工伤所需费用、住院治疗的伙食补助费、外地就医的交通/食宿费用、工伤康复费用、安装辅助器具费用、伤残补助金等，以及由用人单位负责的劳动者停工留薪期内的工资福利待遇及护理。

与此同时，自然人因第三人侵权遭受人身损害的，亦有权向侵权人要求人身损害赔偿，包括医疗费、误工费、护理费、交通费、住院伙食补助费、营养费、残疾赔偿金、残疾辅助器具费等。

可以看到，在劳动者因工作而遭受用人单位之外的第三人侵权而构成工伤的情况下，劳动者依法可以享受的工伤医疗保险待遇和可以向第三人主张的人身损害赔偿在一定程度上是存在重合的，例如医疗费、误工费/停工留薪期内工资福利待遇等。这种情况下，劳动者是否可以享受到双重赔偿呢？对于这一问题的回答需要视具体情况而言。

根据我国相关法律法规，劳动者因用人单位以外的第三人侵权造成劳动者人身损害的，有权请求侵权人承担民事赔偿责任，并且在侵权人赔偿之后，劳动者仍然有权享受工伤保险待遇，侵权人的责任并不因受害人获得工伤保险待遇而减轻或免除。但是，为了平衡各方的权利义务、兼顾用人单位工伤保险赔偿责任与第三人民事侵权赔偿责任的关系，一般认为在侵权人已经赔偿医疗费的情况下，劳动者无权再请求用人单位支付医疗费。

也就是说，对于医疗费而言，劳动者不应获得侵权人及用人单位的双重支付，但对于医疗费之外的费用，即使存在一定重合，也不削减劳动者获得侵权赔偿和工伤保险待遇的权利。这样的规定是为了避免劳动者因同一个侵权行为而非法获益，因此实际发生的费用不应该得到两次赔偿。基于此，这里的"医疗费"应作广义理解，系指在医疗过程中所支付的费用，包括医疗费、护理费、营养费、交通费、住院伙食补助费、残疾辅助器具费等基于工伤治疗而实际发生的费用。

本案中，法院认为，不能同时向侵权人及用人单位重复请求的医疗费不应包括停工留薪期工资，因此即使周某某已获得侵权人赔偿的误工费（80%），也不影响周某某向用人单位主张停工留薪期间的工资。而对于护理费而言，护理费属于不得重复请求的医疗费范畴，但由于侵权人仅赔偿了80%护理费，因此剩余20%护理费应当由用人单位予以支付。

三、专家建议

在不幸因工作而遭受用人单位之外的第三人侵权时，劳动者在及时救治的基础上，应当及时向用人单位报告事故情况，要求用人单位或自行（用人单位未在时限内提出工伤认定申请时）向社会保险行政部门提出工伤认定申请，以依法享受工伤保险待遇。如治疗伤情相对稳定后存在残疾、影响劳动能力的，还应当及时向相关部门申请伤残等级鉴定，以便依法享受相应的伤残待遇。与此同时，劳动者也应当注意留存证据，积极向侵权人主张侵权损害赔偿，在侵权人不支付工伤、医疗费用或者无法确定第三人的情况下，还可以在认定工伤的前提下，向工伤保险基金申请先行支付。

四、关联法条

《中华人民共和国社会保险法》第 42 条；

《工伤保险条例》第 33 条；

《最高人民法院关于审理人身损害赔偿案件适用法律若干问题的解释》第 3 条；

《最高人民法院第八次全国法院民事商事审判工作会议（民事部分）纪要》第 10 条。

产假期间工资待遇如何确定

生育保险是我国社会保险制度的重要组成部分，用于保障劳动者在生育情况下依法从国家和社会获得物质帮助的权利。劳动者应当参加生育保险，并依法享受包括生育医疗费用和生育津贴在内的生育保险待遇。其中，生育津贴是为保障女职工在享受产假期间工资收入不受休假影响的一项制度。但是，生育津贴是按照用人单位上年度职工月平均工资计发，并不是按实际生育女职工的工资来计发，因此，绝大多数情况下，女职工的生育津贴与其本人工资标准是存在差异的。这种情况下，应当如何确定女职工产假期间的工资待遇呢？

一、案例简介[①]

（一）基本案情

李某某于 2009 年 10 月进入某摄影部从事设计师工作。2017 年 11 月 24 日，李某某生育一女。2018 年 2 月 12 日，无锡市社会保险基金管理部门向该摄影部支付了李某某的生育津贴 14103.04 元。同年 3 月 20 日，摄影部向李某某支付了生育津贴 11804 元。

2018 年 8 月 16 日，摄影部向李某某发出通知函，要求李某某于 2018 年 9 月 1 日来公司上班。李某某于 2018 年 8 月 18 日向摄

---

① 详可参见江苏省无锡市中级人民法院（2019）苏 02 民终 3771 号民事判决书。

影部发出回复函，声称其已于 2018 年 3 月向摄影部请假，且其自休产假以来摄影部从未向其支付过任何薪资，摄影部至今毫无损失。随后，因李某某在 2018 年 9 月 1 日至 3 日仍未到岗上班，摄影部于 2018 年 9 月 5 日以李某某严重违反员工规章制度为由，单方解除李某某劳动合同。李某某遂要求摄影部支付少发的生育津贴 8000 元，以及违法解除劳动合同赔偿金 90000 元。

（二）案件结果

1. 一审判决

一审法院认为，女职工生育享受产假的，可以依照国家规定享受生育津贴。摄影部在收到社会保险部门支付的生育津贴后应当全额支付给李某某，故李某某要求摄影部支付未足额支付的生育津贴 2299.04 元，应当予以支持。关于摄影部是否违法解除劳动合同，一审法院以李某某未提交证据证明摄影部同意其可休事假到 12 月底上班为由，认定李某某未按要求到岗已构成旷工，摄影部不存在违法解除情形。

2. 终审判决

二审中，李某某主张其生产前的月平均工资为 5000 元，因此要求摄影部补足少发的生育津贴 8000 元变更为 10229.04 元。二审法院认为，李某某超出一审诉请的部分不予支持。无锡市社会保险基金管理部门向摄影部支付了李某某的生育津贴 14103.04 元，而摄影部仅向李某某支付生育津贴 11804 元；此外，按照李某某所主张的 5000 元计算，其享受的生育津贴低于产假前工资标准，因此摄影部应补足剩余金额，该等剩余金额已超过李某某一审主张的 8000 元，因此二审改判摄影部补发李某某生育津贴 8000 元。另外，关于摄影部是否存在违法解除劳动合同情形，二审维持了一审判决。

二、以案说法

本案中，与生育津贴相关的争议焦点主要在于：当社会保险基金所支付的生育津贴低于产假前工资标准时，女职工的产假期间工资待遇应当如何确定？

生育津贴系女职工产假期间的工资，是国家为了保障女职工产假期间工资不受影响、可以安心享受产假的一项制度。

但是，生育津贴的发放标准并非休产假女职工本人的产假前实际工资，而是女职工所在用人单位的上年度职工月平均工资，因此，绝大多数情况下，社会保险基金发放的生育津贴与女职工的产假前实际工资标准是存在差异的。具体来说，当休产假女职工本人产假前工资标准低于用人单位上年度职工月平均工资时，就会出现生育津贴高于产假前实际工资标准的情形；相反，当休产假女职工本人产假前工资标准高于用人单位上年度职工月平均工资时，就会出现生育津贴低于产假前实际工资标准的情形。

对于该问题，各地地方政府规章及司法实践均认为，生育津贴低于女职工本人工资标准的，差额部分应由用人单位补足；生育津贴高于女职工本人工资标准的，则用人单位应当将生育津贴余额支付给女职工。也就是说，对于生育女职工而言，其所享受的产假期间工资待遇应当为生育津贴和实际产假工资之间的较高者。

作出这样的规定，一方面是为了确保生育津贴制度的目标能够真正实现，即保障女职工在休产假期间，工资待遇不因休产假、未提供劳动而有所降低；另一方面则是为了确保社会保险基金所支付的生育津贴待遇全部由女职工享有，用人单位不得从生育津贴中获益。

本案中，一审法院仅判决摄影部补足无锡市社会保险基金管理部门所支付的李某某生育津贴与摄影部向李某某支付的生育津贴之间的差额，但忽略了李某某实际产假工资的金额。二审法院注意到了这个问题，故在李某某的产假工资基础上进行了计算。根据李某某提供的工资条，其产假前月平均工资高于5000元，因此李某某主张其产假前月平均工资为5000元系对自身权利的合法处分，应予以认可。按照产假前工资5000元计算，产假工资应为5000÷30×128=21333.33元，与摄影部向李某某支付的生育津贴11804元之间存在差额9529.33元，高于李某某一审主张的8000元。因此，二审法院在上述事实基础上，对一审判决予以否定，改判摄影部补足李某某产假前工资标准与摄影部向李某某支付的生育津贴之间的差额8000元，这正是为了保障李某某在休产假期间工资待遇不受影响的权利，也真正实现了生育津贴制度的目标。

三、专家建议

用人单位应当依法、足额地缴纳包含生育保险在内的社会保险。在女职工休产假时，用人单位应当将从社会保险部门领取的生育津贴全部发放给女职工，如该等生育津贴金额低于女职工产假前工资标准的，用人单位还应当依法予以补足，以保障女职工的权益，同时也降低自身的法律风险。女职工亦应当依法享受产假，提前与用人单位确认产假结束日期，避免超出法定期间而产生旷工风险。

四、关联法条

《中华人民共和国社会保险法》第54条；
《江苏省职工生育保险规定》第18条。

规定年休假逾期作废是否有效

　　为了维护劳动者休息休假权利、调动劳动者工作积极性，我国实行带薪年休假制度，劳动者连续工作一年以上的，应依法享受带薪年休假。用人单位应统筹安排劳动者年休假，确因工作需要不能安排劳动者休年休假的，经劳动者本人同意，可以不安排劳动者休年休假，但应当依法支付年休假工资报酬。对于年休假的天数、休假方法等，《职工带薪年休假条例》及相关法律规定作出了较为原则性的规定，而具体休假的流程、方法等细节，通常由用人单位通过制定规章制度来进行完善和规制。实践中，为了避免大量年休假累积造成高额年休假工资报酬，用人单位常常会在规章制度中规定劳动者应在一定期限内休年假，逾期不休则年假自动作废，这种规定是否有效？

一、案例简介 ①

（一）基本案情

　　李某某于 2018 年 1 月 16 日入职某公司担任人事主管。2020 年 4 月 1 日，某公司作出辞退通知书，以李某某不能胜任本职工作、存在违反公司管理制度的行为为由，单方解除劳动合同。

　　李某某于 2020 年 4 月 21 日向昌平区仲裁委提出仲裁申请，

---

① 详可参见北京市第一中级人民法院（2022）京 01 民终 6969 号民事判决书。

要求公司支付违法解除劳动合同赔偿金 40000 元、2018 年 1 月 16 日至 2020 年 4 月 1 日未休年休假工资 24276 元，以及加班费 88320 元。昌平区仲裁委于 2020 年 8 月 3 日作出裁决书，裁决案涉公司支付李某某违法解除劳动合同赔偿金 33265 元及未休年假工资 18855.64 元。李某某与公司均不服仲裁裁决，分别向法院提起诉讼。

关于未休年休假工资，李某某的起诉请求与仲裁请求一致。公司不同意向李某某支付未休年休假工资，但未提交安排李某某休年休假的相关证据。

（二）案件结果

1. 一审判决

关于未休年休假工资，一审法院认为，根据李某某个人社保记录显示，其于 1996 年 1 月开始缴纳社会保险，入职公司时工作年限已超过 20 年，每年应享受 15 天年休假。由于公司未提交证据证明已安排李某某休年休假，因此应支付李某某 2018 年 1 月 16 日至 2020 年 4 月 1 日期间未休年休假工资 23540.23 元。

2. 终审判决

公司不服一审判决、提起上诉，主张公司规章制度已明确规定当期年休假一年内有效，逾期自动作废，不作累加，因此李某某 2018 年 1 月 16 日至 2020 年 4 月 1 日期间的未休年休假已作废。

二审法院认为，案涉公司规章制度虽规定"当期年休假一年内有效（以入职日为准），逾期自动作废，不作累加"，但该规定不符合关于职工带薪年休假的法律、法规等规范性文件的规定，因此对李某某的年休假权益，法院仍应当依法认定。基于此，二审法院维持了一审判决。

二、以案说法

本案中，与未休年休假工资相关的争议焦点主要在于：用人单位规章制度中关于年休假逾期不休则自动作废的规定是否有效；在用人单位规章制度明确规定年休假逾期不休、自动作废的情况下，劳动者是否还可以就未及时休完的年休假主张未休年休假工资。

用人单位享有自主用工管理权，而建立和完善劳动规章制度正是用人单位行使用工管理权的重要方式之一。用人单位可以在其依法制定的劳动规章制度中对劳动者年休假的流程、要求、休假方式等细节进行明确规定，劳动者应当遵守，但该等规定不得超出法律法规的限度。

根据相关规定，经劳动者同意，用人单位可以不安排或少安排劳动者休年休假，但应当按照其日工资的300%支付未休年休假工资，只有在用人单位已安排劳动者休年休假但劳动者因本人原因且书面提出不休年休假的情况下，用人单位才无须支付300%未休年休假工资，而仅需支付正常工作期间的工资收入。也就是说，用人单位无须支付未休年休假工资需要同时满足两个条件：其一，用人单位已经安排劳动者休年休假；其二，劳动者因本人原因且书面提出不休年休假。

上述规定背后的逻辑在于，安排劳动者休年休假既是用人单位的权利，亦是用人单位的义务。用人单位既有权根据生产、工作的具体情况来统筹安排劳动者休年休假，亦有义务保障劳动者享受年休假的权利，应当积极安排劳动者休年休假。而对于劳动者而言，休年休假是法律赋予的权利而非义务，劳动者即使未主动、积极行使年休假，也不能直接导致劳动者法定权利的丧失。

这样的规定是为了平衡用人单位和劳动者之间的权利义务关系，保障处于弱势地位的劳动者能够充分享受年休假的法定权利。

不过，如果用人单位在年休假逾期之前已经安排或要求劳动者休年休假，劳动者仍因其个人原因选择不休年休假的，用人单位则无须再支付未休年休假工资补偿。例如，有的案例中，用人单位通过发送年休假安排通知单的方式，要求劳动者在当年度内休完年休假，或因个人原因将当年度未休年休假作为福利年假滚存至下一年度但不再给予补偿这两个方案中选择，如劳动者自愿选择第二种，则对于当年度未休年假，用人单位可以不再支付未休年假工资补偿。

本案中，案涉公司在其规章制度中虽明确规定"当期年休假一年内有效（以入职日为准），逾期自动作废，不作累加"，但其实质是规定了劳动者"未在一年内休年休假"这一消极行为就可以产生放弃未休年休假工资的法律效果，这与上述法律规定是明显相悖的。因此，该等规定并不对李某某产生约束力，也不能依据该规定而直接认定李某某未休年休假已作废。由于案涉公司未提交证据证明其曾安排李某某休年休假，李某某亦没有通过书面形式提出不休年休假，因此一审、二审法院均支持了李某某关于未休年休假工资的请求。

三、专家建议

在劳动规章制度中简单规定劳动者必须在一定期限内休完年休假、逾期则视为自动作废的做法，看起来似乎一劳永逸，可以避免劳动者因大量年休假累积而造成的高额年休假工资报酬，但其背后的法律风险是用人单位必须重视的。用人单位在劳动合同履行过程中应当积极安排和督促劳动者及时休年休假，防止变相剥夺劳动者休假权利的行为。劳动者亦应当尊重和遵守用人单位规章制度中关于休假申请、审批等方面的要求，在依法保护自身休假权利的同时，维护用人单位的正常经营管理。

四、关联法条

《职工带薪年休假条例》第 5 条；

《企业职工带薪年休假实施办法》第 9 条、第 10 条。

规定未休公司额外给予的年假
不予补偿是否有效

劳动者依法享有休带薪年休假的权利，法定年休假天数按照劳动者累计工作时间计算，劳动者累计工作已满 1 年不满 10 年的，年休假 5 天；已满 10 年不满 20 年的，年休假 10 天；已满 20 年的，年休假 15 天。如用人单位经劳动者同意不安排或少安排休年休假的，用人单位应当按照日工资收入的 300% 向劳动者支付未休年休假工资报酬。实践中，有许多用人单位给予劳动者超出法定年休假天数的带薪年休假，超出部分通常被称为公司年假或福利年假。但与此同时，用人单位往往也会规定劳动者未休公司年假的不给予工资补偿。用人单位的这种规定是否有效呢？

一、案例简介[①]

（一）基本案情

韩某于 2010 年 8 月 30 日入职某公司工作，先后签订两次固定期限劳动合同（第一次曾变更劳动合同期限）。韩某可享受 12 天年休假，其中包括 5 天法定年休假和 7 天公司年假。该公司员工手册规定，员工应当在当年度内使用完当年所享有的带薪年假，

---

① 详可参见上海市第一中级人民法院（2015）沪一中民三（民）终字第 1916 号民事判决书。

员工应当先使用法定年休假，待法定年休假使用完后方可使用公司年假，公司在任何情况下都不会对公司年假部分进行折现补偿。公司提交邮件证据证明韩某曾于2014年请休法定年休假5天并已获批准，韩某认为该次申请未实际休假，但认可其另外休了2天年假，并提交显示韩某有剩余年假"96小时"的休假系统截图作为证据。公司主张该系统运行不正常。

2014年12月2日，公司口头告知韩某不再续签劳动合同，并于2014年12月30日向韩某发送终止劳动合同通知书，韩某拒绝签收。随后，公司支付了韩某经济补偿金，并办理了劳动合同终止的相关手续。

2015年4月14日，韩某提起仲裁申请，要求公司恢复劳动关系、支付违法解除劳动合同赔偿金并支付2014年度未休年休假折算工资91371.41元。仲裁委员会裁决不予支持，韩某遂诉至法院。

（二）案件结果

1. 一审判决

一审法院认为，关于案涉公司是否应支付未休年假折现补偿，韩某提供的休假系统截屏显示剩余年假"96小时"与其自认的已休2天年假不符，因此采信公司主张，认定韩某已休年假7天。按照员工手册规定，公司对公司年假在任何情况下均不予补偿，现韩某已实际休假7天，5天法定年假已使用完毕，故其要求公司支付年休假折现补偿款的诉请亦不予支持。因此，一审判决驳回韩某的诉讼请求。

2. 终审判决

二审法院支持一审判决。关于未休年休假工资，二审法院认为，韩某已实际休假7天，5天法定年假已使用完毕，按照公司员工手册规定，公司仅对未休的法定年休假进行补偿，对公司年假在任何情况下均不予补偿，故韩某要求公司支付年休假折现补偿款的诉请不应得到支持。

二、以案说法

本案中，与年休假相关的争议焦点主要在于韩某未休的公司年假是否应当给予未休年休假工资补偿。

所谓的公司年假，通常是指用人单位在超出《职工带薪年休假条例》规定的法定年休假天数之上，自主地、额外地给予劳动者的年休假假期，《职工带薪年休假条例》或其他相关法律法规并未对这种公司年假进行任何规定和约束。

与法定年休假不同，公司年假系依据用人单位的规章制度产生，其性质属于用人单位按照其经营情况、职工司龄等因素自主给予的特殊福利。作为对劳动者权益的保障之一，用人单位自愿在法定年休假之外给予劳动者公司年假，是应当被鼓励和支持的行为。为了鼓励用人单位给予劳动者公司年假，就有必要保护用人单位对公司年假的休假程序、条件、未休年假处理方式等进行自主管理的权利。这是因为，如果简单地以法定年休假的标准去要求公司年假，尤其是强制性地要求用人单位对劳动者未休的公司年假仍然要依法承担未休年休假工资补偿的责任，那么即使从个案的角度来看，也许确实会有部分劳动者因此获得好处，但从长远来看，最终的结果必然是导致用人单位不再有任何动力给予劳动者任何超出法定年休假之外的年休假假期。因为公司年假的给予反而会给用人单位带来极大的负担和责任，用人单位不可能有动力采取这样的行动，这反而会损害劳动者的利益。

基于此，司法实践普遍认为，对于用人单位在超出法定年休假标准之上另行给予劳动者公司年假的行为，在不违反法律禁止性规定的情况下应尊重用人单位的自主管理权。一般来说，用人单位对公司年假的管理和规定常常体现在以下方面：

（1）公司年假天数：公司年假天数常常不以劳动者累计工作时间为标准，而是以劳动者在本用人单位工作时间或职务级别等为标准。

（2）享受公司年假的条件：用人单位有时会规定试用期不能享受公司年假，或规定劳动者在入职满一定期间之后才能享受公司年假，或规定劳动者特定情况下不享受公司年假等。

（3）公司年假休假方式：用人单位通常会要求劳动者先休完当年度法定年休假，再休公司年假。

（4）未休公司年假的处理方式：用人单位可能会明确规定未休公司年假不能跨年度累计，也不享受任何未休年假工资补偿。

本案中，由于韩某主张的年休假情况（已休2天）与其提交的证据（显示剩余年假为96小时的休假系统截图）相矛盾，因此一审、二审法院均采信了案涉公司关于休假天数的主张，认定韩某在2014年已休年休假7天。由于韩某依法仅享受5天法定年休假，且公司员工手册明确规定员工应先休法定年休假，因此韩某2014年的法定年休假已全部休完，剩余年休假均为公司年假。在员工手册已经明确规定在任何情况下均不对公司年假予以补偿的情况下，韩某无权要求公司对其未休公司年假支付任何工资补偿。因此，一审、二审法院对于韩某关于未休年休假工资补偿的诉讼请求均不予支持。

三、专家建议

劳动者在入职之后应当认真学习用人单位员工手册等劳动规章制度，充分了解自己应享有的年休假，以及年休假的休假方式、程序、条件及未休年休假处理方式等，并应及时行使休年假的权利，避免因未及时休假而造成的年假损失。劳动者如果申请休假后又取消休假的，应当及时、书面向用人单位提出，在系统内完成销假流程，避免错扣、多扣假期。

四、关联法条

《职工带薪年休假条例》第 3 条。

用人单位能否要求休病假员工复诊

在因患病而需要停止工作、进行治疗时，劳动者有权休病假，并依法享受病假待遇，但应当按照用人单位合法制定的劳动规章制度要求，向用人单位提供必要的证明材料，如医疗机构出具的诊断证明、病情证明单、病休单等。实践中，对于劳动者提出的病假申请，用人单位有时会提出异议，如认为劳动者并未真实患病，或患病并未达到需休假的严重程度等。这种情况下，用人单位对于劳动者的病假申请是否具有实质审核权、能否要求劳动者前往指定医院复诊？

一、案例简介 ①

（一）基本案情

王某系某公司员工，工作岗位为销售岗位。2019 年 7 月 31 日起至 2020 年 11 月 24 日，王某以腰痛、颈椎病、肩颈痛等向某公司连续请病假 470 天（自然天）。根据王某提交的就医记录，王某存在 6 次未遵医嘱拒绝 CT 或 MRI 检查及 14 次主诉要求休息或开具病假的记录。

2020 年 11 月 10 日起，公司先后 3 次向王某发出书面通知，要求王某说明不遵医嘱进行 CT 或 MRI 检查的原因，及该病休究

---

① 详可参见上海市第一中级人民法院（2022）沪 01 民终 2418 号民事判决书。

属医生要求的还是本人要求的，并表示基于对病历的合理怀疑，王某如病假结束后仍需就诊的，公司将派员陪同王某至上海市第七人民医院脊椎外科进行复诊，但王某始终未予以配合。因此，公司于 2020 年 11 月 24 日书面通知王某解除劳动合同。

王某于 2020 年 12 月 9 日提起仲裁，要求公司支付违法解除劳动合同赔偿金等。公司亦提出反请求，要求王某返还病假工资等。劳动仲裁委支持了王某关于工资差额的请求，以及公司关于返还病假工资的请求。王某不服裁决，诉至法院。

（二）案件结果

1. 一审判决

一审法院认为，王某提交的病假资料有违常理，公司对王某提供的病情证明单和病历产生怀疑具备事实基础。在此前提下，公司要求王某前往指定医院复诊并对病历资料上载明的不遵医嘱进行检查、要求病休等情况进行说明，但王某置若罔闻。依据劳动合同约定，公司有权解除劳动合同，不构成违法解除劳动合同。因此，一审法院判决不予支持王某要求公司支付违法解除劳动合同赔偿金的诉讼请求。

2. 终审判决

二审法院维持一审判决。二审法院认为，公司对王某提供的病情证明单和病历产生怀疑应属合理，公司根据公司请假制度一再要求王某前往指定医院复诊并进行说明，然而王某对公司的数次合理要求均未予理会，故公司依据劳动合同约定解除劳动合同并无不当，不应支付违法解除劳动合同赔偿金。

二、以案说法

本案的争议焦点主要在于：用人单位是否有权要求劳动者前

往指定医院复诊；劳动者未予以配合的情况下，用人单位是否可以以此解除劳动合同。

我国规定了病假及医疗期等法律制度，以保障劳动者在因患病进行就医治疗而无法提供劳动时，仍能够获得一定的病假工资，亦有一些用人单位向劳动者提供了比法定标准更高的病假期间待遇。这些制度的初衷都是保障劳动者的权利。但与此同时，法律亦尊重用人单位的自主管理权，允许用人单位通过依法制定规章制度等方式，对劳动者休病假的程序、提交材料等细节，在合法、合理的范围内进行明确。

由于劳动者是否患病、患什么病、患病是否达到需停止工作的严重程度等，均有赖于医疗机构的专业判断，因此用人单位通常都会要求劳动者提供医疗机构出具的诊断证明、病休单等病假材料，以证明其休病假的必要性和合法性。

一般来说，用人单位虽然有要求劳动者提供病假材料的权利，但用人单位对该等病假材料提出的不合理要求往往是难以被支持的，比如只接受特定医疗机构出具的病假材料，而该医疗机构与劳动者相隔甚远，劳动者前往就医极其不便；又如劳动者提供的病假材料真实、充分，但用人单位仍然要求劳动者前往指定医疗机构复核；等等。这都可能会被认为用人单位给劳动者享受病假施加了合理限度之外的条件和限制，从而不被予以认可。尽管如此，在劳动合同或规章制度对用人单位复核的权利有明确约定，且劳动者提供的病假材料确实存在明显不合理的情况下，用人单位对病假材料进行复核的权利仍然是得到认可的，本案就是这样的情况。

本案中，王某提交的病假材料存在诸多不合理之处：医嘱7次建议 CT 或 MRI 检查，但王某始终拒绝进行医学检查；王某曾多次主动向医生要求病休；疾病为腰腿痛、颈椎痛及颈肩痛等常见疾病，但休假时间已长达一年多。对于该等有违常理的病假材料，公司产生怀疑是有事实基础的，要求王某前往指定医院就诊是为了确认王某的病情是否属实，并非为了刁难王某，或给王某休病假施加额外的限制，是具有合理性的。在王某与公司的劳动合同及公司规章制度已明确约定，公司对劳动者请病假事由存在合理怀疑时可以要求劳动者进行复查的情况下，王某应当配合公司前往指定医院进行复诊，以确认其是否患有需要长时间休病假的疾病。然而，经过公司多次书面告知，王某仍拒绝配合复诊，应当自行承担不利后果。因此，本案一审、二审法院最终认定王某的行为违反了劳动合同的约定及公司规章制度的规定，公司据此解除劳动合同不违法。

三、专家建议

用人单位可以且应当通过制定规章制度等方式对劳动者休病假的程序、方式等予以完善，但不应借此给劳动者享受病假施加合理限度之外的要求和限制，应当充分保障劳动者的病假权利。与此同时，劳动者也应当遵守用人单位关于病假程序、材料等方面的规章制度，诚实地向用人单位提供病假材料，切忌为了不当享受病假待遇等原因，虚构病情、伪造病假材料，否则可能面临被解除劳动合同的风险。

四、关联法条

《企业职工患病或非因工负伤医疗期规定》第 5 条；

《关于贯彻执行〈中华人民共和国劳动法〉若干问题的意见》第 59 条。

请病假程序存在瑕疵是否构成旷工

　　劳动者的休息权作为劳动者享有的一项基本劳动权利应当得到用人单位的尊重和保护，但用人单位亦有权通过依法制定劳动规章制度等方式对劳动者请病假的程序、要求、所需材料等进行明确。该等依法制定的劳动规章制度对劳动者具有约束力，劳动者应当予以遵守。但是，在劳动者请病假程序确实存在瑕疵时，用人单位是否可以简单地以此为由主张劳动者未履行请假手续、构成旷工？从司法实践来看，这样"一刀切"的方式是不可取的，用人单位仍然应当充分考虑劳动者患病的个体因素和事实情况，秉承善意进行处理。

一、案例简介①

（一）基本案情

　　高某某于 2015 年 4 月入职某互联网公司，担任技术产品总监。2018 年 4 月 16 日，高某某被确诊患有易性症。2018 年 6 月 27 日，高某某通过微信向直属领导请病假，并于同日因易性症进行男转女性别重置手术。2018 年 7 月 25 日，高某某通过公司办公自动化系统提出病假申请，休假日期为 2018 年 7 月 2 日至 25 日，申请书所附出院证明中的诊断栏内容及今后注意事项栏第 2 点被

---

① 详可参见北京市第二中级人民法院（2019）京 02 民终 11084 号民事判决书。

遮挡，今后注意事项栏第 3 点记载建议休息一个月。总裁办直属领导于 2018 年 7 月 30 日签批同意，但员工关系管理员于 8 月 7 日批复不同意，理由为："因根据病假条无法判定为因病休假，故请提供内容明确的假条……"。2018 年 8 月 21 日，高某某再次通过公司办公自动化系统提出病假申请，休假日期为 2018 年 7 月 26 日至 8 月 24 日，所附病情证明单载明："病情及诊断：易性病，目前已完成转性手术；建议事项……3. 建议全休贰月。"同日，总裁办直属领导签批同意，但人力资源部门未审批同意。2018 年 9 月 6 日，互联网公司以高某某请假未批属于旷工为由解除劳动合同。高某某认为自己已履行请假手续，不构成旷工，公司构成就业歧视，因此要求公司继续履行劳动合同并支付工资。

（二）案件结果

1. 一审判决

一审法院认为，高某某未能提前履行线上请假手续确存在请假程序瑕疵，但是其已经于手术前口头向其直属领导请假，术后通过公司办公自动化系统提交了休假申请及病假材料，其直属领导亦同意其病假申请，故高某某事实上已经履行了请假手续，互联网公司在此情况下未批准高某某的请假申请属于用工管理权行使不当。因此，一审法院认定互联网公司以高某某未履行请假手续属于旷工为由解除劳动合同属于违法解除，判决互联网公司继续履行劳动合同，并向高某某补发违法解除后的工资及请假期间的病假工资。

2. 终审判决

二审法院基本维持了一审判决。关于是否构成违法解除，二审法院认为，高某某本身患有的易性症具有特殊性，高某某选择手术当天向主管领导口头请假，并于事后申请线上审批的行为符合一般人的逻辑和认知，其对相关病历材料进行遮挡系基于心理上还不想让他人知道其进行了性别置换手术，亦具有合理性。高某事后请假并补充提供相关诊断材料已经使得公司实现知情权，因此高某某不构成旷工，二审判决仍然认定公司构成违法解除。

二、以案说法

本案关于病假的争议焦点主要在于劳动者请病假程序确实存在瑕疵，是否可以认定为旷工。

根据《中华人民共和国宪法》（以下简称《宪法》）以及《中华人民共和国劳动法》的相关规定，劳动者享有休息休假的权利。劳动者确因患病治疗需要停止工作时，依法有权享受病假，用人单位应当充分保障劳动者请休病假的权利。尽管如此，无论因任何原因休假，劳动者停止工作必然给用人单位的生产经营安排造成影响，因此法律法规允许用人单位在不违反法律禁止性规定的前提下，对劳动者请休病假的程序、方式、所需提供的材料等进行规定，这通常被认为是用人单位自主管理权的范畴。

原则上，劳动者应当按照用人单位的要求及时履行请假手续，并应按照用人单位要求提供相应病假材料以证明患病事实。但是，在一些特殊情况下，劳动者事实上可能确实存在无法完全严格按照用人单位要求履行请假手续的情形，这种时候，用人单位也应当充分考虑劳动者患病的个体因素，秉承善意对劳动者的病假申请进行审查。在劳动者已向用人单位充分履行病情告知义务且实质上已经获得批准的情况下，即使劳动者在病假申请的过程中存在轻微程序瑕疵，也不宜仅因该等轻微程序瑕疵而认定劳动者未能有效请假进而构成旷工。

本案中，基于下述理由，二审法院认定高某某不存在旷工：

（1）虽然互联网公司依法制定的规章制度中确实要求非突发事件应当提前请假，但是，高某某所患易性症是一种少见的性别身份认同障碍，属于精神类疾病，选择继续进行心理治疗还是做性别重置手术对于高某某而言是一个重大的人生抉择，抉择的确定时间只能来自做手术前最后一刻，因此虽然手术并非突发事件，但因其私密性和抉择的难以确定性，高某某选择手术当天向主管领导口头请假并于事后申请线上审批的行为具有合理性。

（2）高某某于2018年7月25日提交的病假条虽存在人为遮挡，但考虑到大众认知和接受程度，高某某不想让他人知道其进行了性别置换手术的解释具有合理性。此外，高某某随后补交了完整的病情证明单，公司的知情权已经得到实现。

（3）高某某提交的出院证和病情证明单所载建议休息时间虽不一致，但经核实，该两份证明均真实有效，且医师明确答复术后休息时间应以病情证明单记载为准，因此应对病情证明单的效力予以采纳。

从上述分析和认定来看，判决并未简单地以高某某请假程序确实存在瑕疵而否定对高某某病假权利的保护，而是充分考虑和关注了高某某患病事实的存在以及所患疾病的特殊性，显示了对实质公平的重视，是对劳动者病假权利和用人单位自主管理权的平衡。

三、专家建议

劳动者在行使休息休假权的过程中应当尽可能遵守用人单位规章制度的要求，即使确因自身客观原因无法严格遵守的，也应基于诚实信用原则，尽最大努力向用人单位进行及时告知，并在可行的范围内尽早补足请假手续，充分提供诊断证明等请假依据，以证明劳动者请病假的实质必要性，以及未能严格遵守用人单位规章制度履行请假手续的合理性。用人单位也应当充分考虑劳动者个体的特殊情况，秉承善意对劳动者病假申请进行处理，从实质上保障劳动者的病假权利，切忌简单地以请假程序不符合规章制度而认定劳动者旷工，甚至解除劳动合同。

四、关联法条

《中华人民共和国宪法》第 43 条；

《中华人民共和国劳动法》第 3 条。

享受医疗期的条件是什么

为了保障劳动者在患病或非因工负伤期间的合法权益，劳动者有权依法享受医疗期。医疗期是指劳动者因患病或非因工负伤停止工作治病休息不得解除劳动合同的时限。医疗期制度对劳动者的保护主要体现在：医疗期内，除劳动者存在过错、构成《中华人民共和国劳动合同法》第 39 条情形外，用人单位不得以不胜任、劳动合同订立时客观情况发生重大变化，或经济性裁员等理由解雇医疗期内的劳动者；劳动合同期满时如劳动者仍处于医疗期内的，劳动合同也应当延续至医疗期结束。可见，医疗期的保护力度是比较大的，那么劳动者到底在什么情况下可以主张适用医疗期呢？这就需要去厘清享受医疗期的条件到底是什么。

一、案例简介①

（一）基本案情

曹某某于 2005 年入职某公司。2018 年 9 月 11 日至 30 日，曹某某分三次向公司申请病假及事假，公司均同意其休假申请。自 2018 年 10 月起，曹某某未再正常出勤上班，因此公司多次向曹某某发函，告知其请假条未经公司批准，要求其前往公司说明情况，但曹某某亦未按要求前往公司作出说明，直至 2019 年 1 月 7 日才

---

① 详可参见江苏省南京市中级人民法院（2020）苏 01 民终 5636 号民事判决书。

向某公司提交了一份病历。2019年1月18日，公司以曹某某无故旷工64天，属严重违纪为由，单方解除劳动合同。

2019年2月18日，曹某某申请仲裁，并在仲裁委作出终结审理决定后诉至法院，要求公司支付违法解除劳动合同赔偿金及扣发的工资。理由是：南通市通州区第二人民医院2019年1月7日的抑郁自评量表中记载"参考诊断：有（轻度）抑郁症状"，因此曹某某在2018年9月11日因颈部肌肉劳损请病假休息，后因精神状况不能正常上班，也不能按流程申报病假，应当享有医疗期12个月，在此期间公司解除其劳动合同系违法解除。公司则认为，曹某某2019年1月7日就诊，与其2018年10月之后的旷工事实无关，且2019年1月7日自评量表载明"本报告仅供参考"，不具备诊断书效力，曹某某也未提供医院诊断书和不能上班的证明，曹某某不符合适用医疗期相关规定的情形。

（二）案件结果

1. 一审判决

一审法院认为，曹某某未依照公司员工手册规定履行请假手续，且未取得公司同意的情况下未正常出勤上班，应属旷工，已严重违反公司的规章制度，达到解除劳动合同的条件。曹某某虽主张其患病应享受医疗期，但未能提供充分证据材料证明其主张，因此一审法院对曹某某主张违法解除赔偿金的诉讼请求不予支持，判决驳回曹某某诉讼请求。

2. 终审判决

二审法院维持了一审判决。二审法院认为，曹某某于2018年10月8日至2019年1月4日期间未上班，亦未履行请假手续，公司在多次催促通知无果后，以旷工并严重违反公司规章制度为由解除劳动合同，具有事实依据。曹某某主张其符合医疗期相关规定，但劳动者享受医疗期的前提是劳动者需停止工作治病休息，但曹某某未能提供有效证据证明其需停止工作治病休息，因此不符合享受医疗期所应具备的"停止工作治病休息"的法定条件，对其要求适用医疗期相关规定的主张不予支持。

二、以案说法

本案中，与医疗期相关的争议焦点主要在于：曹某某是否符合享受医疗期的法定条件？

医疗期是指劳动者因患病或非因工负伤停止工作治病休息不得解除劳动合同的时限。对于医疗期制度中的"患病"如何理解，相关法律法规并未作出明确界定。但是，由于医疗期定义中"停止工作治病休息"的描述，一般均认为，医疗期制度中的"患病"应当是指具有一定严重程度以致需"停止工作治病休息"的疾病，而并非指劳动者患任何疾病都可以享受医疗期。

这样规定的原因在于，医疗期对于劳动者的保护力度是比较大的，在劳动者处于医疗期内时，用人单位解除合同的权利受到了很大限制，因此医疗期对用人单位所施加的义务是比较重的。如果允许劳动者无论患何种疾病都可以要求享受医疗期，那么很容易导致劳动者滥用医疗期权利，从而导致用人单位与劳动者权利义务的失衡。

在判断劳动者所患疾病是否达到需"停止工作治病休息"的程度时，既需要结合该等疾病情况，也要结合医疗机构的专业诊断结果。例如，有的案例中，劳动者主张享受医疗期的依据是医疗机构体检所做诊断结果"轻度骨质增生"以及医嘱"注意休息，避免过度活动"。一方面，从骨质增生的病理来看，骨质增生是指骨关节边缘上增生的骨质，随着年龄增加发生骨质增生的可能性和概率大大增加，如果没有出现明显压迫神经、血管或脊髓症状的，无须特别处理，因此"轻度骨质增生"并非较重疾病；同时，该医疗机构的医生建议也只是"注意休息，避免过度活动"，显然也并非需"停止工作治病休息"的程度。因此，该案例中的劳动者并不符合适用医疗期的条件。

本案中，曹某某主张其适用医疗期的依据在于南通市通州区第二人民医院 2019 年 1 月 7 日的一份抑郁自评量表。首先，曹某某从 2018 年 10 月开始就持续未到岗上班，亦未履行任何请假手续，而 3 个月之后的抑郁自评量表显然难以对 3 个月前曹某某的患病情况予以证明。其次，抑郁自评量表是用于测量抑郁的工具之一，因其使用简便、能够直观反映患者抑郁的主观感受及其在治疗中的变化，目前广泛应用于门诊病人的粗筛、情绪状态评定以及调查、科研等。但是，抑郁自评量表形式上是患者针对自评量表上的问题进行的自我评价，具有主观性，并非医疗机构作出的客观诊断结果，仅凭抑郁自评量表不能证明曹某某患有抑郁症或其他疾病，更不能证明曹某某的患病程度已经严重到需要停止工作治病休息。再次，该抑郁自评量表仅记载参考诊断为"有（轻度）抑郁症状"，但有"抑郁症状"与患有"抑郁症"仍有区别，且抑郁自评量表亦未明确"有（轻度）抑郁症状"是否需要停止工作治病休息，因此即使认为该抑郁自评量表可以作为诊断结果，也无法证明曹某某已达到需要停止工作治病休息的程度。因此，本案一审、二审法院均认定曹某某不符合医疗期所应具备的法定条件，对其要求适用医疗期相关规定的主张均不予支持。

三、专家建议

劳动者如出现因患病而必须停止工作的情形，应当积极进行治疗。与此同时，劳动者也应当及时且如实地向用人单位说明患病情况及停止工作治病休息的需要，保留好治疗过程中的诊断证明等各项材料，并按照用人单位要求提交医疗机构诊断证明等。用人单位应当依法保障劳动者的医疗期权利，不得违法解除劳动合同。但是，劳动者也切忌滥用医疗期权利，虚构患病事实或患病严重程度，否则也将面临不利后果。另外需注意的是，医疗期中的"患病"并不包括职业病，劳动者患职业病不适用医疗期，而是应当按照工伤来处理。

四、关联法条

《中华人民共和国劳动合同法》第 39 条、第 42 条、第 45 条；《企业职工患病或非因工负伤医疗期规定》第 2 条、第 5 条。

第四章　劳动合同的变更

工作岗位和地点能否调整

每个人在找工作时，工作岗位和工作地点通常是吸引求职者的关键要素，也是求职中决定是否与用人单位缔结劳动合同的重要依据。然而在入职后，部分劳动者过于看重入职时候的工作岗位，认为一旦确认后就不能再做任何更改，所以对用人单位的调岗、更换工作地点等行为难以接受。而用人单位则认为劳动者应该接受单位根据实际生产经营需要调整劳动者的工作岗位和工作地点的行为，并且要求劳动者服从单位单方管理行为。那么用人单位能否单方调整劳动者的工作岗位和工作地点呢？

一、案例简介①

（一）基本案情

孙某于 2017 年 8 月入职某模具公司，双方订立了无固定期限劳动合同，约定孙某的工作地点为某直辖市，岗位为"后勤辅助岗"，具体工作内容为"财务、预算管理和其他行政性工作"。双方还约定："模具公司可以根据生产经营的需要，对孙某工作岗位、工作内容及工作地点进行调整。"入职后，孙某被安排在模具公司位于某城区的开发中心从事财务、人事等辅助性工作。2019 年 7 月 1 日，基于公司生产经营和管理需要，为减轻各中心的工作负

① 详可参见人力资源和社会保障部、最高人民法院联合发布的第一批劳动人事争议典型案例之十四：孙某与某模具公司劳动合同纠纷案。

担，模具公司将各中心的财务工作转回公司总部的财务处统一管理。为此，孙某办理了开发中心全部财务凭证的交接，模具公司与孙某沟通协商，提出安排其到开发中心其他岗位工作，但均被孙某拒绝。后模具公司安排孙某到位于相邻城区的公司总部从事人事相关工作。7月底，孙某要求模具公司将其调回原工作地点原岗位工作，双方由此发生争议。孙某向劳动人事争议仲裁委员会（以下简称仲裁委员会）申请仲裁，要求模具公司按原工作地点及原工作岗位继续履行劳动合同。

（二）案件结果

仲裁委员会裁决驳回孙某的仲裁请求。本案中，双方在劳动合同中约定孙某的工作岗位为"后勤辅助岗"，该岗位不属固定或专业岗位；模具公司根据生产经营需要，适当调整孙某的工作岗位、工作内容及工作地点是基于财务统一管理的需要，对孙某并无针对性；同时，该工作地点和工作内容的调整，模具公司亦与孙某进行了沟通协商，给出了包括在原工作地点适当调整岗位等多种选择方案，体现了对孙某劳动权益的尊重；且调整后的人事岗位与孙某的原先岗位性质相近，孙某也完全能够胜任；最后，孙某调整后的工作地点也处于交通便利的城区，上下班时间虽有所增加，但该地点变更不足以认定对其产生较大不利影响，对其劳动权益也构不成侵害，故依法驳回孙某的仲裁请求。

二、以案说法

本案的争议焦点主要是模具公司调整孙某工作岗位和工作地点的行为是否属于合法行使用工自主权的范畴。

根据《中华人民共和国劳动合同法》第35条第1款规定："用人单位与劳动者协商一致，可以变更劳动合同约定的内容。变更劳动合同，应当采用书面形式。"所以，除了法律规定的用人单位可以单方变更劳动合同的情形，单位调整工作岗位和工作地点的通常应该与员工协商一致。又根据《就业促进法》第8条第1款规定："用人单位依法享有自主用人的权利。"所以，用人单位作为市场主体，法律也赋予其一定的用工自主权。根据经营需要调企业员工的工作岗位和工作地点等是用人单位行使用工自主权的重要内容，一般对于企业的正常生产经营不可或缺。那么，实践中仲裁和司法机关如何平衡劳动者的权利和用人单位的用工自主权？

一般而言，发生此类争议时，仲裁和司法机关倾向于认可用人单位有权根据生产经营需要而对劳动者的工作岗位、工作地点进行适当调整。但是要求用人单位用工自主权的行使必须在法律和政策的框架内，符合一定的条件和范围，而且具有合理性。仲裁和司法实务中，岗位或工作地点调整的合理性一般考虑以下因素：（1）是否基于用人单位生产经营需要；（2）是否属于对劳动合同约定的较大变更；（3）是否对劳动者有歧视性、侮辱性；（4）是否对劳动报酬及其他劳动条件产生较大影响；（5）劳动者是否能够胜任调整的岗位；（6）对工作地点进行不便利于劳动者的调整后，用人单位是否提供必要协助或补偿措施等。如果用人单位的单方调岗行为系预计生产经营需要，不具有歧视性和侮辱性，劳动报酬及其他劳动条件没有明显不利调整，而且对不便利的调整有采取补偿措施的，那么此单方调整行为被认定为属于行使用工自主权范畴的可能性更大。

本案中，仲裁委员会从以下角度审查认为模具公司单方调岗行为具有合理性：首先，模具公司基于财务工作统一转回公司总部管理的经营需要，将孙某的工作内容从"财务、预算管理和其他行政性工作"调整到公司总部从事"人事相关工作",系公司经营管理需要,并非针对孙某,而且调整后的工作岗位不具有歧视性和侮辱性;其次,在模具公司单方调整前,公司已经多次与孙某就岗位调整事项进行了协商,并且为其提供了额外的岗位选择,但是孙某本人均予以拒绝,后公司将其调整至人事岗位系根据其以往的工作性质进行的调整,孙某可以胜任调整后的岗位;最后,孙某调整后的工作地点交通便利,劳动条件也未有其他不利变更,对其未产生较大不利影响。因此,仲裁委员会认为模具公司的单方调整行为未侵害孙某的权益,而驳回了孙某按原工作地点及原工作岗位继续履行劳动合同的请求。

三、专家建议

在市场经济条件下,用人单位具有一定的用工自主权限。法律允许用人单位根据自身生产经营需要合理调整劳动者的工作岗位及工作地点,这不仅有利于用人单位发展,也有利于劳动关系的稳定。但是,若用人单位滥用此权限,对劳动者工作岗位或工作地点进行不合理调整,将侵害劳动者的合法权益。因此,用人单位在需要调整劳动者工作岗位和工作地点时,应当首先与劳动者进行充分协商,尽量取得劳动者的认可;若未能协商一致,在基于用工自主权调整劳动者工作岗位或地点时,也要充分保障劳动者的权益。作为劳动者,也应理解用人单位的管理需要,尽量配合单位的管理,在需要变更工作岗位和工作地点时结合自身情况慎重作出决定,若认为用人单位确实侵害自身合法权益,可以依法向有关机关反映。

四、关联法条

《中华人民共和国劳动合同法》第 35 条；

《中华人民共和国就业促进法》第 8 条。

考核居于末位等次是否构成不胜任工作

"末位淘汰"通常是指用人单位结合不同岗位特点制定相应考核指标体系，对排序末位的劳动者予以淘汰的制度。实践中，部分用人单位实行"末位淘汰"以激发员工的工作积极性。用人单位的工作环境和工作内容具有一定的竞争性无可厚非，但是仅以劳动者考核结果居于末位而"淘汰"劳动者，并据此直接解除劳动合同的行为明显有悖法律规定。那么，考核居于末位的，是否构成"不胜任工作"？单位是否可以据此对员工进行调岗或培训？在调岗或培训后考核仍然居于末位的是否可以"不胜任工作，经过调岗和培训后仍然不胜任工作"为由解除劳动合同？

一、案例简介 ①

（一）基本案情

2005年7月，王某进入某通信公司工作，劳动合同约定王某从事销售工作，基本工资每月3840元。该公司的员工绩效管理办法规定：员工半年、年度绩效考核分别为S、A、C1、C2四个等级，分别代表优秀、良好、价值观不符、业绩待改进；S、A、C（C1、C2）等级的比例分别为20%、70%、10%；不胜任工作原则上考核为C2。王某原在该公司分销科从事销售工作，2009年1月

---

① 详可参见杭州市滨江区人民法院（2011）杭滨民初字第885号民事判决书。

后因分销科解散等原因，转岗至华东区从事销售工作。2008年下半年、2009年上半年及2010年下半年，王某的考核结果均为C2。公司认为，王某不能胜任工作，经转岗后，仍不能胜任工作，故在支付了部分经济补偿金的情况下与其解除了劳动合同。2011年7月27日，王某提起劳动仲裁。同年10月8日，仲裁委作出裁决：通信公司支付王某违法解除劳动合同的赔偿金余额。通信公司认为其不存在违法解除劳动合同的行为，故于同年11月1日诉至法院，请求判令不予支付解除劳动合同赔偿金余额。

（二）案件结果

法院认为，为了保护劳动者的合法权益，构建和发展和谐稳定的劳动关系，《中华人民共和国劳动法》《中华人民共和国劳动合同法》对用人单位单方解除劳动合同的条件进行了明确限定。案涉通信公司以王某不胜任工作，经转岗后仍不胜任工作为由，解除劳动合同，对此应负举证责任。根据员工绩效管理办法的规定："C（C1、C2）考核等级的比例为10%"，虽然王某曾经考核结果为C2，但是C2等级并不完全等同于"不能胜任工作"，公司仅凭该限定考核等级比例的考核结果，不能证明劳动者不能胜任工作，不符合据此单方解除劳动合同的法定条件。虽然2009年1月王某从分销科转岗，但是转岗前后均从事销售工作，并存在分销科解散导致王某转岗这一根本原因，故不能证明王某系因不能胜任工作而转岗。因此，公司主张王某不胜任工作，经转岗后仍然不胜任工作的依据不足，存在违法解除劳动合同的情形，应当依法向王某支付经济补偿标准二倍的赔偿金。遂判决原告于本判决生效之日起15日内一次性支付被告王某违法解除劳动合同的赔偿金余额。一审法院判决后，双方均未上诉，判决已发生法律效力。

二、以案说法

本案的争议焦点主要是王某在公司等级考核中居于末位等次，是否构成"不能胜任工作"。

（一）"不能胜任工作"的认定

《关于〈劳动法〉若干条文的说明》第 26 条规定，"不能胜任工作"，是指不能按要求完成劳动合同中约定的任务或者同工种，同岗位人员的工作量。用人单位不得故意提高定额标准，使劳动者无法完成。

而发生争议时，用人单位认为劳动者不能胜任工作的需承担举证责任，其需举证证明劳动者存在不能胜任工作的情形。而仲裁部门和法院在审理和判定劳动者不能胜任工作时主要会从以下两个方面进行考虑：（1）双方对于不能胜任工作的具体情形是否有明确的约定，或者依法制定的规章制度中对此是否有明确规定；（2）单位主张员工不能胜任工作的事实是否充分，是否符合双方的约定或规定，或者是否符合一般的常理判断。

本案中，通信公司的员工绩效管理办法中明确规定员工获得 C（C1、C2）等级的比例为 10%，那么 C 等级在每次考核过程中始终客观存在。因此，法院确认了劳动者在用人单位等级考核中居于末位等次，不等同于"不能胜任工作"，不符合单方解除劳动合同的法定条件，用人单位不能据此单方解除劳动合同。劳动者排名末位与劳动者不能胜任工作岗位之间并无必然联系，排名末位不等于不能胜任工作。

（二）以不能胜任工作为由单方解除劳动合同的注意要点

《劳动合同法》第 40 条规定，劳动者不能胜任工作，经过培训或者调整工作岗位，仍不能胜任工作的，用人单位提前 30 日以书面形式通知劳动者本人或者额外支付劳动者一个月工资后，可以解除劳动合同。又根据《最高人民法院关于审理劳动争议案件适用法律问题的解释（一）》第44条，因用人单位作出的解除劳动合同决定而发生的劳动争议，用人单位负举证责任。

根据以上规定，劳动者不能胜任工作，经过培训或者调岗后仍然不能胜任工作的，用人单位才能据此解除劳动合同。在此情形下，单位对以下事实负有举证责任：第一，劳动者不能胜任现在的工作；第二，单位对其进行了调岗或者培训；第三，仍然不能胜任工作。对于是否胜任工作一般法院要求用人单位具有客观的评价标准，而且该标准员工明确知晓并同意遵照执行。

通常情况下，用人单位要证明员工确实存在"不胜任"的情况，要求其有明确的制度依据和事实依据。从制度上或者合同上，用人单位需要对员工"不能胜任工作"的情况有明确、具体、客观可评价的规定或约定，并且该类条款通常需要具备合理性，不得过于严苛或者远高于一般标准。从"不能胜任工作"事实上，需要有客观、具体、充分的事实，单位需要对员工进行客观、公正的考核与评价，不能仅以主观的评价结果去证明员工不胜任。另外，若用人单位选择以调岗的方式给员工安排新岗位的，调整后的工作岗位还需要具有合理性，与劳动者的工作能力、技能等相适应，且不具有歧视性和侮辱性，不能恶意调整为员工难以胜任的岗位。

本案中，通信公司不能证明王某不能胜任工作，也不能证明王某系因不能胜任工作而转岗，经转岗后仍然不胜任工作的证据也不充分，以致法院认定公司单方解除行为违反法律规定。

三、专家建议

每次考核中都会有人居于末位等次，末位等次总是客观存在的，获得末位等次不能直接等同于不胜任现职工作。所以，用人单位仅以此认定劳动者"不能胜任工作"不科学也不合理，建议企业慎重使用末位淘汰制。用人单位在用工管理过程应明确岗位的具体内容和要求，制定客观、合理的评价标准，明确哪些情形属于不能胜任工作，当出现不能胜任的情况，依法培训或调岗，仍然不能胜任工作的，可以依法解除劳动关系，同时在整个管理过程中注意保留相关证据。劳动者在提供劳动过程中也应该按照岗位要求按时、按质、按量完成本职工作。

四、关联法条

《中华人民共和国劳动合同法》第40条；

《关于〈劳动法〉若干条文的说明》第26条；

《最高人民法院关于审理劳动争议案件适用法律问题的解释（一）》第44条。

医疗期满不能从事原工作可以解除劳动合同吗

所谓医疗期，是法律规定员工患病或非因工负伤停止工作治病休息的受保护期间。由于患病劳动者的弱势地位明显，为了保证劳动者患病治疗期间权益不被侵害，法律赋予其受到特殊保护的期间，在此期间用人单位非因法定事由不得解除劳动合同。但是由于劳动者在患病期间无法正常提供劳动，为了平衡用人单位的权益，员工享有的法定医疗期长度并非没有上限。劳动者医疗期的长短通常与其本人实际参加工作年限和在本单位工作年限挂钩，一般为3个月到24个月不等。那么医疗期满，劳动者不再受到特殊保护，用人单位是否可以直接与劳动者解除劳动合同？

一、案例简介[①]

（一）基本案情

刘某于2021年8月入职北京某物业公司，担任物业助理一职。2021年9月起休病假，诊断为髌骨软骨软化。2021年10月，刘某在公司作出的关于医疗期手续及相关待遇的通知上签字，认可其医疗期为3个月，11月初公司以医疗期返岗通知书的形式要

---

① 详可参见北京市海淀区劳动人事争议仲裁委员会京海劳人仲字〔2022〕第5061号裁决书。

求刘某 12 月 4 日前返岗工作，刘某未返岗并继续提交病假条。12 月 3 日，公司作出医疗期满调岗通知书，告知刘某因其医疗期满后仍向公司提交病假申请且明确表示因身体原因不能再从事原岗位的工作，公司决定自 12 月 7 日起调整其岗位至前台，工资待遇不变。刘某作出针对医疗期满调岗通知书不同意声明，载明不同意通知中的内容，理由为调整岗位未经协商、膝关节受损系因工作安排不合理、通知中附带的职位描述与物业助理职责描述不完全一致。2021 年 12 月 22 日，公司作出解聘员工通知书，以医疗期满后不能从事原岗位工作，也不能从事用人单位另行安排的工作为由，提出解除劳动合同，并向其支付了经济偿金和代通知金。后，刘某向仲裁委申请仲裁，要求公司继续履行原劳动合同。

（二）案件结果

仲裁委裁决认为，刘某在医疗期满后不能从事原物业助理岗位的工作，亦不能从事公司对其安排的前台岗位的工作，其虽主张调整后的前台岗位职责与其原岗位职责一样，但是公司提交的两个岗位的职位描述中，工作职责内容不存在一致性。公司因刘某医疗期满后不能从事岗位工作，也不能从事公司另行安排的新岗位工作与其解除劳动合同，并支付了解除劳动合同经济补偿金及代通知金的行为并无不当，继续履行劳动合同的请求依据不足，不予支持。

二、以案说法

本案的争议焦点主要是用人单位以医疗期满不能从事原工作，也不能从事另行安排的工作为由解除劳动合同是否符合法律规定。

（一）医疗期概述

实践中，经常有人使用"医疗期""病假"等词汇，但是二者是否完全一样？是否表达同一个含义？

一般认为，医疗期是职工患病或非因工负伤停止工作治病休息不得被单位随意解除劳动合同的受保护期间，是一个法律概念，该期间的长短、待遇、解除等事项均应遵守相关法律的规定；而病假是医生认为职工患病或非因工负伤所需离岗治疗的期间，病假原则上没有时间长短限制，是劳动者到医院就诊后，建议劳动者停工休假治疗的时间，是一个事实概念。

全国大部分地区的医疗期期限与劳动者自身的工作年限和在本单位的工作年限挂钩（详见下表）。

实际工作年限	本单位工作年限	医疗期	累计计算期间
＜ 10 年	＜ 5 年	3 个月	6 个月内
	≥ 5 年	6 个月	12 个月内
≥ 10 年	＜ 5 年	6 个月	12 个月内
	≥ 5 年但 ＜ 10 年	9 个月	15 个月内
	≥ 10 但 ＜ 15 年	12 个月	18 个月内
	＞ 15 但 ＜ 20 年	18 个月	24 个月内
	≥ 20 年	24 个月	30 个月内

但在上海地区，医疗期的计算方式仅考虑一个因素，即劳动者在本用人单位的工作年限。根据《关于本市劳动者在履行劳动合同期间患病或者非因工负伤的医疗期标准的规定（2015 年修订）》第 2 条和第 4 条规定：医疗期按照劳动者在本用人单位的工作年限设置。劳动者在本单位工作第 1 年，医疗期为 3 个月；以后工作每满 1 年，医疗期增加 1 个月，但不超过 24 个月。有下列情形中关于医疗期的约定长于前述规定的，从其约定：（1）集体合同对医疗期有特别约定的；（2）劳动合同对医疗期有特别约定的；（3）用人单位内部规章制度对医疗期有特别规定的。

本案发生在北京地区，员工享有的法定医疗期经过仲裁和双方当事人确认为 3 个月。

（二）医疗期满解除劳动合同的注意要点

根据《中华人民共和国劳动合同法》（以下简称《劳动合同法》）第 40 条规定，劳动者患病或者非因工负伤，在规定的医疗期满后不能从事原工作，也不能从事由用人单位另行安排的工作的，用人单位提前 30 日以书面形式通知劳动者本人或者额外支付劳动者一个月工资后，可以解除劳动合同。所以根据上述规定，用人单位单方解除劳动合同需要满足以下两个前置条件：一是劳动者不能从事原工作；二是也不能从事另行安排的工作。

在本案中，用人单位对此做了以下工作：第一，公司在医疗期届满前，通知劳动者医疗期届满的日期，并要求劳动者在医疗期届满后返回原岗位从事劳动合同约定的原工作任务。第二，通知送达后，若劳动者未按期返回原岗位工作并继续提交病假证明，公司为其另行安排工作，并告知劳动者。另行安排的工作在工作强度上和技术要求上比原岗位要求低，体现了安排的合理性。第三，劳动者接到另行安排工作的通知后，继续提交病假证明的，公司收到后通知员工做劳动能力鉴定。劳动者拒绝做劳动能力鉴定后，公司解除劳动合同并支付经济补偿。

因此，虽然用人单位对单方解除劳动合同负有举证责任，但是在实际管理过程中，如果医疗期满，员工仍然提交病假证明的，存在被认定为属于不能从事原工作的可能性；用人单位安排调岗后，仍然提交病假证明的，则存在被认为属于不能从事另行安排的工作的可能性，此时单位通常有权根据《劳动合同法》第 40 条第 1 项规定解除劳动合同。

三、专家建议

医疗期内劳动者受到特殊保护，用人单位不能随意解除劳动合同。但是医疗期并非没有限制，在医疗期满后，用人单位可以依法给劳动者安排工作，若劳动者因为自身原因不能从事原工作也不能从事另行安排的工作的，法律赋予用人单位单方解除劳动合同的权利。对劳动者而言，患病或非因工负伤可依法享受医疗期，在医疗期内可以有保障地治疗休息，但是不能滥用医疗期，不能将医疗期作为对抗单位的把柄。对于用人单位而言，应遵守法律关于医疗期的规定，依法给予员工保障，不能因为员工患病无法正常提供劳动而随意解除劳动合同，管理过程中需要尽量体现出管理的温度。

四、关联法条

《中华人民共和国劳动合同法》第 40 条；

《企业职工患病或非因工负伤医疗期规定》第 3 条、第 4 条；

《关于本市劳动者在履行劳动合同期间患病或者非因工负伤的医疗期标准的规定（2015 年修订）》第 2 条和第 4 条。

频繁变更用人主体如何计算工作年限

　　企业时常要根据市场变化和业务需求来调整内部经营管理。为规避市场风险，企业合并、分立、新设的情况时有发生，而员工的用人主体也经常随此不断变化。尤其是《中华人民共和国劳动合同法》实施以来，部分用人单位为了规避签订无固定期限劳动合同的法定义务，降低劳动者的经济补偿的支付年限，不断变换劳动者的劳动合同签订单位，严重侵害了劳动者的合法权益。那么在具体案件中，仲裁和法院将对此如何认定？

一、案例简介①

（一）基本案情

　　姜某自 2013 年 4 月 26 日入职北京某超市南海家园店，任职电工。2013 年 4 月 26 日、2016 年 5 月 3 日，姜某分别与某劳务派遣有限公司签订过两份均为三年固定期限的劳动合同，工作地点均为南海家园店超市。2018 年 7 月 6 日，在姜某与劳务派遣公司劳动合同未到期的情况下，超市南海家园店让姜某与某咨询公司签订期限为 2018 年 7 月 6 日至 2021 年 7 月 31 日的固定期限劳动合同，约定将姜某派遣至北京崇文门菜市场某超市（以下简称崇文门某超市）担任电工工作。2020 年 11 月 2 日，南海家园店超市发布

---

① 详可参见北京市大兴区人民法院（2021）京 0115 民初 8455 号民事判决书。

通报称：姜某严重违反崇文门某超市员工日常管理奖惩办法，决定自2020年11月2日起崇文门某超市与该员工解除用工关系，并将此派遣员工退回咨询公司。2020年11月5日，咨询公司向姜某出具劳动关系解除通知书。2020年12月9日，姜某向仲裁委申请仲裁，主张违法解除赔偿金等。姜某提交了其与劳务派遣公司的劳动合同、社会保险个人权益记录、农业银行转账明细等证据证明工作年限，南海家园店超市提交离职员工承诺书，证明姜某于2018年7月5日因个人原因申请与劳务派遣公司解除劳动关系并办理离职手续，签署离职员工承诺。后，仲裁委支持了姜某主张的违法解除赔偿金的请求，劳务派遣公司不服，诉至法院。

（二）案件结果

法院认为，本案中姜某提供的各项证据形成了完整的证据链，可以证明姜某在2013年4月26日至2018年7月5日期间一直在南海家园店超市工作。南海家园店超市提供的离职员工承诺书是打印的格式文件，姜某仅在文件下方签字，且结合本案事实，仅凭该承诺书不能证明姜某系因其本人原因变更用人单位。在南海家园店超市未提交相关证据证明在2018年7月5日曾向姜某支付过经济补偿的情况下，姜某与劳务派遣公司存在劳动关系期间的工作年限应合并计算，案涉咨询公司应按合并计算的工作年限向姜某支付违法解除劳动关系赔偿金。遂判决咨询公司支付姜某违法解除劳动关系赔偿金60000元（其中20000元已履行，其余40000元于本判决生效之日起10日内支付），南海家园店超市对此承担连带赔偿责任。

二、以案说法

本案中，双方争议的焦点之一是姜某主张的违法解除劳动关系赔偿金的计算年限应如何计算。

《劳动合同法实施条例》第10条规定，劳动者非因本人原因从原用人单位被安排到新用人单位工作的，劳动者在原用人单位的工作年限合并计算为新用人单位的工作年限。原用人单位已经向劳动者支付经济补偿的，新用人单位在依法解除、终止劳动合同计算支付经济补偿的工作年限时，不再计算劳动者在原用人单位的工作年限。《最高人民法院关于审理劳动争议案件适用法律问题的解释（一）》第46条规定，劳动者非因本人原因从原用人单位被安排到新用人单位工作，原用人单位未支付经济补偿，劳动者依据《中华人民共和国劳动合同法》第38条规定与新用人单位解除劳动合同，或者新用人单位向劳动者提出解除、终止劳动合同，在计算支付经济补偿或赔偿金的工作年限时，劳动者请求把在原用人单位的工作年限合并计算为新用人单位工作年限的，人民法院应予支持。

由上可知，劳动者非因本人原因调整到新用人单位，此前在原用人单位的工作年限未依法支付经济补偿的，工作年限将合并计算。那么，如何认定"非因本人原因"？

根据《最高人民法院关于审理劳动争议案件适用法律问题的解释（一）》第46条规定，用人单位符合下列情形之一的，应当认定属于"劳动者非因本人原因从原用人单位被安排到新用人单位工作"：（1）劳动者仍在原工作场所、工作岗位工作，劳动合同主体由原用人单位变更为新用人单位；（2）用人单位以组织委派或任命形式对劳动者进行工作调动；（3）因用人单位合并、分立等原因导致劳动者工作调动；（4）用人单位及其关联企业与劳动者轮流订立劳动合同；（5）其他合理情形。上述司法解释对"非本人原因"采取了"列举＋兜底"的形式进行规定，上述列举的具体情形涵盖了实践中大部分常见情形，对于实践中可能出现的其他情形，该兜底条款也为后续仲裁和法院结合具体个案进行综合认定预留了空间。

本案中，姜某的工作地点和工作内容并未发生任何实际变化，南海家园店超市通过让劳动者不断换签派遣单位的形式，以此规避工作年限的合并计算，甚至在姜某从第一家劳务派遣公司换签到某咨询公司时，还要求其在离职员工承诺书（载明因个人原因离职）上签字。最终根据查明的事实，该文件被认定属于格式文件而被法院予以否认，进而判定工作年限应合并计算。

因此，对于劳务派遣这种特殊用工模式，用工单位通过故意安排派遣员工不断换签派遣单位的方式也不能避免工作年限合并计算的结果，而且在用工过程中若用工单位违反规定将派遣员工退回造成派遣人员损失的，还需承担赔偿责任。

三、专家建议

劳动者的工作年限与经济补偿、经济赔偿的计算密切相关，部分用人单位为了规避工作年限的合并计算以降低用工成本，采取了派遣、换签劳动合同主体等各种方式。然而在发生争议时，其减少工作年限的目的通常难以实现，仲裁与法院将依法审理。所以，用人单位应依法用工，并且按照法律规定计算工作年限，并支付经济补偿或赔偿，不要抱有侥幸心理。同时，劳动者需警惕用人单位的劳动合同换签套路，积极主动维护自己的合法权益。

四、关联法条

《中华人民共和国劳动合同法》第 14 条、第 38 条、第 47 条；

《中华人民共和国劳动合同法实施条例》第 10 条；

《最高人民法院关于审理劳动争议案件适用法律问题的解释（一）》第 46 条。

无故被调岗、降薪应如何维权

为了降低企业风险，避免向员工进行经济补偿或赔偿，个别企业出现了一些变相逼迫劳动者离职的行为，意图通过该种手段让劳动者自行离职，无故调岗、降薪便是其中之一。调岗、降薪本质上均属于变更劳动合同，原则上需要用人单位与劳动者协商一致。因此，在用人单位未与劳动者达成一致单方作出调岗、降薪行为的情况下，劳动者应如何维护自身合法权益？

一、案例简介①

（一）基本案情

2009 年 7 月 6 日，房某入职某证券公司，并签订劳动合同，约定劳动合同期限自 2009 年 6 月 15 日起至 2010 年 6 月 14 日止，岗位为证券营销。2010 年 6 月至 2019 年 6 月期间，证券公司与房某签订有劳动合同续订书，劳动合同期限类型为固定期限劳动合同。2019 年 6 月 15 日，双方又续订劳动合同一份，期限自 2019 年 6 月 15 日起至 2022 年 6 月 14 日止。2019 年 11 月起，证券公司对房某进行调岗降薪，依据为《某证券公司青岛分公司理财经理管理指导意见》和《青岛分公司客户经理管理办法》。2020 年 6 月 16 日，房某向证券公司的负责人陈某发送标题为"离职报告"

---

① 详可参见山东省青岛市中级人民法院（2022）鲁 02 民终 7265 号民事判决书。

的邮件一封，以证券公司强行考核、降职降薪、强制转岗、强行变更劳动合同为由要求离职。随后，房某以证券公司为被申请人，向劳动人事争议仲裁委员会申请劳动争议仲裁，主张支付欠发工资和解除劳动合同经济补偿金等，后诉至法院。

（二）案件结果

1. 一审判决

一审法院经审理认为，根据《中华人民共和国劳动合同法》（以下简称《劳动合同法》）第4条的规定，用人单位直接涉及劳动者切身利益的规章制度必须经过民主程序制定并公示或告知劳动者，方可作为处分职工的制度依据。证券公司未提交《某证券公司青岛分公司理财经理管理指导意见》和《青岛分公司客户经理管理办法》经法定民主程序制定的证据，亦未提交经房某确认的有关具体考核过程和考核明细，便依据上述规章制度及考核结果对房某进行职务降级并相应调减薪酬的行为依据不足，用人单位据此而欠发劳动者的薪酬，应予补发。因证券公司将房某职务降级并调减薪酬不当，根据《劳动合同法》第38条和第46条规定，房某据此提出解除劳动关系的，证券公司应向其支付经济补偿金。

2. 终审判决

二审法院经审理认为，用人单位调整劳动者工作岗位、降低薪酬待遇属于变更劳动合同的重大事项，应由用人单位承担举证责任。本案中，证券公司提交的现有证据未能充分证明房某不能胜任工作岗位。故一审法院认定，证券公司给房某职务降级并相应调减薪酬不当，应当向房某支付经济补偿金正确，本院予以确认。遂判决驳回上诉、维持原判。本判决为终审判决。

二、以案说法

本案的争议焦点主要是证券公司的调岗降薪行为是否符合法律规定；劳动者据此解除劳动合同是否可以获得经济补偿。

岗位和薪资属于劳动合同的重要内容，根据法律规定，除非具有法定情形外，用人单位变更劳动合同应与劳动者协商一致。而工作岗位和劳动报酬的调整关涉劳动者的切身利益，用人单位通常会在规章制度中对此进行规定。但是根据《劳动合同法》第4条规定，用人单位在制定有关劳动报酬等直接涉及劳动者切身利益的规章制度或者重大事项时，应当经职工代表大会或者全体职工讨论，提出方案和意见，与工会或者职工代表平等协商确定。并且应当将直接涉及劳动者切身利益的规章制度和重大事项决定公示，或者告知劳动者。

本案中，公司未与劳动者协商一致，而是依据规章制度和考核结果对劳动者单方调岗降薪。然而，单位的制度并未经过民主程序，而且用人单位也不能证明考核过程和考核明细获得员工的认可，由此法院认定公司单方调岗降薪行为不当。用人单位的单方调岗降薪不当，若未足额支付薪资，根据《劳动合同法》第38条、第46条规定，劳动者有权提出解除劳动合同并要求用人单位支付经济补偿。本案中，证券公司单方降薪不当，导致未足额支付劳动报酬，房某据此解除劳动关系被认定符合支付经济补偿金的法定情形。

那么，用人单位拖欠劳动报酬的，劳动者除了可以提出解除劳动关系，向仲裁委员会申请劳动仲裁外，还可以通过什么途径依法维权？

根据《劳动合同法》第85条规定，用人单位有以下情形的，可以到当地劳动行政部门投诉举报，由该部门责令限期支付：
（1）未按照劳动合同的约定或者国家规定及时足额支付劳动者劳动报酬的;（2）低于当地最低工资标准支付劳动者工资的;（3）安排加班不支付加班费的;（4）解除或者终止劳动合同，未依照本法规定向劳动者支付经济补偿的。

因此，劳动者还可以向当地的劳动行政部门投诉举报，由行政部门责令用人单位限期支付。用人单位逾期不支付的，将可能受到应付金额50%以上100%以下向劳动者加付赔偿金的处罚。若用人单位以转移财产、逃匿等方法逃避支付劳动者的劳动报酬或者有能力支付而不支付劳动者的劳动报酬，数额较大的，经政府有关部门责令支付但仍不支付的，还有可能构成"拒不支付劳动报酬罪"，将被依法追究刑事责任。

三、专家建议

岗位和薪资是劳动关系中的重要内容，与劳动者的切身利益密切相关，岗位和薪资的调整通常属于劳动合同变更，除非存在法定情形，用人单位应与劳动者协商一致。因此，就用人单位而言，在调整劳动者的工作岗位和薪资标准时应尽量与劳动者协商一致并取得劳动者的同意，同时应制定公平合理的薪酬制度并依法履行民主和公示程序;就劳动者而言，对于用人单位不合理减少劳动报酬的行为，可以依法通过仲裁、诉讼或者向当地劳动行政部门投诉举报等方式维护自身合法权益。

四、关联法条

《中华人民共和国劳动合同法》第4条、第35条、第38条、

第 46 条、第 85 条；

《北京市高级人民法院、北京市劳动争议仲裁委员会关于劳动争议案件法律适用问题研讨会会议纪要》第 31 条；

《最高人民法院关于审理劳动争议案件适用法律问题的解释（一）》第 44 条。

拒不到新工作地点报到构成旷工吗

劳动人事日常管理过程中，用人单位出于各种原因难免存在调整劳动者工作岗位的情形，而实践中，部分劳动者已经习惯了原岗位的工作环境和工作模式，难以轻易同意用人单位的单方调岗行为，甚至对于此类调岗行为存在较强的抗拒心理，在单位作出调岗决定后通过拒不到新岗位报到上班的方式进行对抗，最终与用人单位"情感破裂"走向劳动仲裁。那么，劳动者拒不到新岗位报到上班的行为能否构成旷工？用人单位能否以此为由单方解除劳动合同？

一、案例简介[①]

（一）基本案情

赵某于 2013 年 12 月 24 日入职北京某文化公司，双方签订期限为 2015 年 12 月 24 日起至 2017 年 12 月 23 日止的劳动合同。劳动合同约定，赵某岗位为店长助理，工作区域为北京市，公司可以根据工作需要，在赵某的工作区域内，变换其工作地点。文化公司主张因王府井店员工离职存在缺人的情况，同时亦庄店、大兴店均缺人，而其所在的酒仙桥店超员，赵某本人的居住地离王府井较近，于是公司于 2016 年 8 月 23 日通知赵某工作地点由

---

① 详可参见北京市朝阳区人民法院（2017）京 0105 民初 41073 号民事判决书。

酒仙桥店调整至王府井店，赵某于2016年8月24日拒绝调店。2016年8月25日，公司以快递形式向赵某送达《关于赵某不同意暂调的复函》、员工手册，告知赵某到王府井店报到的时间改为2016年8月29日，不到王府井店报到视为旷工。赵某主张酒仙桥店不存在超员的情况，其他店面亦不缺员，公司的做法是一种对于其不配合签字审批综合工时的打击报复行为，不同意调岗，不到王府井店报到。后，公司以其行为构成"旷工"为由解除其劳动合同。赵某提起仲裁并起诉至法院，要求公司支付违法解除劳动关系赔偿金。

（二）案件结果

法院认为，用人单位根据生产经营需要，合理地调整劳动者工作岗位属于用人单位自主用工行为。文化公司的经营方式为在市内有业务合作的商场内销售品牌体育用品，在北京区域内有多个门店。公司将赵某的工作地点由酒仙桥店变更为王府井店，工作岗位、工资待遇均保持不变，调岗行为具有合理性，属其自主用工行为。在公司反复告知赵某工作地点有变更并告知其利害关系的情况下，赵某在2016年9月5日至9日期间仍未到王府井店报到，该行为已构成旷工。文化公司以旷工为由解除双方劳动关系符合该公司员工手册之规定，属合法解除，赵某要求支付违法解除劳动关系赔偿金无事实依据，法院不予支持。

二、以案说法

本案的争议焦点主要有两个：一是用人单位单方调岗行为是否合法；二是劳动者拒不到新岗位报到工作是否构成旷工。

（一）单方调岗行为合法性的认定

根据《中华人民共和国劳动合同法》第35条规定，用人单位单方变更劳动合同，原则上需要与劳动者协商一致，但为了保护用人单位的权益，该法第39条、第40条又规定了用人单位可以单方解除劳动合同的几种情形。

除此之外，实践中用人单位常见的调整劳动者工作岗位的理由还包括生产经营需要、经营管理需要等。由于法律对此理由没有明确规定，所以实践中对于此类理由是否系单方调岗的合法理由，存在较大争议。因为公司一般在针对某一具体员工时，通常比较好操作的形式就是披着"生产经营需要"的外衣。所以，为了防止用人单位侵犯劳动者的权益，法院在审理时通常会对此类理由进行实质审查，判断单方调岗行为是否系真实生产经营需要，排除用人单位打击报复、恶意调岗的行为。实践中，法院在审理判断时通常会参考以下因素：（1）调整后岗位的工作内容相比此前是否存在较大差异；（2）调整后的岗位是否具有歧视性、侮辱性；（3）薪资标准是否降低；（4）其他劳动条件是否存在较大不利变更等。

具体到本案中，文化公司的经营模式为门店连锁式，在北京区域内有多个门店。因现有酒仙桥店人员冗余而王府井店人员不足，且赵某居住地离王府井较近，公司将赵某从酒仙桥店调整至王府井店，而且工作内容、工资待遇均保持不变，最终法院认定公司的调岗行为具有合理性，属其自主用工行为。

（二）旷工的认定

旷工一般指的是不遵守考勤纪律，擅自缺勤不到岗的行为。而在用人单位单方调岗后，拒绝到新工作地点报到上班，是否构成旷工与用人单位在先的调岗行为是否合法密切相关。一般认为，如果用人单位在先的调岗行为合法，那么劳动者应该遵守安排至指定的地点报到上班，若员工不遵守的将构成旷工。如果用人单位在先的调岗行为不当，那么员工后续未至新岗位报到上班的行为通常难以构成旷工。

在本案中，由于文化公司在先的调岗行为被认定为属于用工自主权行为，而且公司多次催促赵某至新地点上班，而赵某无正当理由拒不报到工作，该行为最终被认定为旷工，达到严重违纪时公司有权据此解除其劳动合同。

此外，根据《最高人民法院关于审理劳动争议案件适用法律问题的解释（一）》第43条规定，用人单位与劳动者协商一致变更劳动合同，虽未采用书面形式，但已经实际履行了口头变更的劳动合同超过一个月，变更后的劳动合同内容不违反法律、行政法规且不违背公序良俗，当事人以未采用书面形式为由主张劳动合同变更无效的，人民法院不予支持。因此，员工先去报到上班后又反悔的行为，通常也较难获得支持。

三、专家建议

在日常用工过程中，用人单位对于劳动者的岗位调整具有一定的用工自主权，在该权限内，用人单位的合理调岗行为将得到尊重和支持。因此，对于劳动者而言，当用人单位的调岗行为不具有人身侮辱性、薪酬待遇不低于此前标准，而且其他劳动条件没有明显不利变更时，该调整行为较大可能属于企业用工自主权的范畴，劳动者应予以配合。而对于用人单位而言，在单方变更劳动合同时，应尽量与员工协商一致，不能协商一致时也应综合考虑到员工此前的工作职级、工作内容、薪资标准、通勤时间等因素进行合理调整。

四、关联法条

《中华人民共和国劳动合同法》第 35 条、第 39 条、第 40 条；

《最高人民法院关于审理劳动争议案件适用法律问题的解释（一）》第 43 条。

工作地点约定较为宽泛，员工怎么办

在生产经营过程中，不少企业的经营场所通常不会完全固定，而是会随着业务转型需求、生产经营成本等因素不断改变调整。然而，工作地点作为劳动合同中的必要条款之一，用人单位作出单方面的变更，可能会影响到劳动者的家庭生活或社会交往，甚至面临违法风险。为此，一部分用人单位在与劳动者签订劳动合同时会将工作地点设定得非常宽泛，如"工作地点为全国""工作地区在全省"等。那么，双方在一开始将工作地点约定得过于宽泛是否意味着企业可以依据约定对劳动者工作地点进行随意调整呢？

一、案例简介 ①

（一）基本案情

郭某于 2012 年 8 月 1 日入职某公司，任职分店店长。双方先后签订期限从 2012 年 8 月 1 日起至 2015 年 7 月 31 日止和 2015 年 8 月 1 日起至 2018 年 7 月 31 日止的劳动合同。劳动合同载明，郭某的工作地点以实际分配为准，如因工作或岗位调整的需要，需要分配到其他地点工作的，郭某须服从公司工作安排，完成工作任务。郭某 2015 年 7 月 10 日签阅的公司店长手册第 3 章第 3

① 详可参见广东省广州市中级人民法院（2017）粤 01 民终 10378 号民事判决书。

项"异动"规定，公司会根据经营战略发展方向对店长进行合理异动（调岗、调店）等安排，店长不得以个人意志为条件予以推脱或拒绝，必须服从公司的安排；第4章第2项"劳动纪律"中规定，一个月内连续或累计旷工3天或以上的视为严重违纪，按解除劳动合同关系处理。郭某入职后在广州参加岗位培训，其后在武汉市区域的分店工作。2016年3月13日至7月7日，郭某在武汉澳门路店跟班学习。公司于2016年7月8日发出店长异动通知邮件，通知郭某前往镇江金山公园店担任店长，2016年7月11日到岗上班。同日，郭某通过邮件告知公司，由于家庭原因需照料两岁的小孩，无法异动到外地工作，望能体恤并酌情安排留在武汉市工作。公司于2016年7月11日答复郭某已经是就近安排了，请尽快到达分店开展工作。双方就郭某工作岗位异动事宜未能协商一致，郭某没有按公司要求到岗上班。2016年7月27日，公司以郭某在学习结束后拒不到岗上班属旷工行为为由向郭某发出解除劳动合同通知书。

（二）案件结果

1. 一审判决

一审法院认为，公司与郭某建立劳动关系，双方的合法权益均受法律保护。鉴于店长岗位的特殊性，公司的店长手册和双方签订的劳动合同均对店长"异动"作出了规定和约定，郭某知晓并签名确认，相关规定和合同条款没有违反法律规定。郭某未按照公司的通知要求到岗上班，旷工3天以上，属严重违纪，公司解除劳动合同系合法。遂判决公司无须向郭某支付赔偿金49636.31元；公司自判决发生法律效力之日起5日内向郭某支付未休年休假工资5705.32元；公司自判决发生法律效力之日起10日内在符合规定的前提下协助郭某办理失业保险金领取手续。

2.终审判决

二审法院认为，郭某在入职公司以后，一直在武汉地区工作生活多年，并在武汉成家抚养幼儿，客观而言郭某难以不顾家庭生活和抚养幼儿的基本义务前往异地就职，而郭某在调岗时亦将此情况告知公司。但是公司在武汉地区尚有多家分店的情况下，将郭某的工作地点从湖北武汉市跨省调整到江苏省镇江市，且并未对此给予郭某必要的协助或者利益补偿，属于对郭某劳动权益的重大不利变更，超出合理范围，故公司在未与郭某对工作地点变更达成一致的情况下，以郭某无法到指定地点工作为由解除其与郭某的劳动合同，于法无据，应属违法解除。遂改判一审判决第1项为：公司在本判决生效之日起5天内支付郭某赔偿金49636.31元。

二、以案说法

本案表面上的争议焦点是公司解除劳动合同是否合法，但双方争议的实质是当劳动合同中关于工作地点的约定过于宽泛时用人单位能否据此单方调整劳动者的工作地点。从判决结果来看，本案可谓是一波三折，先是仲裁阶段认为用人单位系违法解除裁决支付赔偿金，然后一审法院认为系合法解除遂判令用人单位无须支付赔偿金，最后二审法院判决为违法解除再次改判支付赔偿金。这样可能带有"戏剧性"的审理结果，恰恰说明本案所涉事项在司法实践中存在较大的争议性。

工作地点是劳动合同的必备条款，也是与劳动者切身利益密切相关的劳动事项。出于管理便利的需要，很多用人单位愿意将工作地点约定得宽泛一些，例如"全国""华东区域"或某个省市等。除此之外，用人单位往往还会在劳动合同中增加关于其可以根据经营需要单方调整工作地点、劳动者应予服从或配合的条款。对于此类用人单位可以单方变更劳动合同的条款，虽然可能涉嫌属于《中华人民共和国劳动合同法》第 26 条规定的"排除劳动者权利"的无效条款，但也不宜一概而论，毕竟本案中一审法院也曾依据该条款及相关规章制度，作出过支持用人单位的判决。虽然该判决结果后被二审改判，但已经可以说明部分法官在特定情况下也有可能认可该条款的有效性。

在笔者看来，当劳动合同中工作地点约定较为宽泛时，判断其是否有效的关键在于对"合理性"的把握。在对合理性进行考量时，可以主要考虑以下两个要点：

第一个要点，宽泛的工作地点是否为劳动者工作岗位特性所必需。在社会生活中，确实存在工作地点难以固定、需要将工作地点约定较为宽泛的岗位，例如销售、司机、工程施工人员等。对于这一类岗位，可以在一定程度上适当放宽其劳动合同中关于工作地点的约定，此时约定宽泛不宜认定为无效条款。但如果劳动者的工作岗位并没有这种特性而用人单位却执意将工作地点约定得非常宽泛，或者劳动者的岗位仅在一定范围内存在这种特性而用人单位却故意在该合理范围之外约定较为宽泛的工作地点，其合理性便应当受到质疑，存在涉嫌排除劳动者的合法权利的恶意。

第二个要点，宽泛的工作地点是否符合管理惯例。在日常劳动用工管理过程中，用人单位和劳动者之间会形成很多约定俗成的习惯，这种习惯我们称为惯例，它在一定程度上能够体现劳资双方所能接受的合理界限。如果用人单位与劳动者在实际用工中确实存在单方调整工作地点的安排且劳动者已经实际履行，那么就可以说明劳动者对于该用人单位此种经营状况和工作安排的合理性是认可的。

当然，在实际用工过程中，具体情况往往更为复杂，涉及的因素可能会更多，这时就需要结合具体情况和发生争议时的特定情形进行具体分析。具体至本案而言，虽然劳动合同中对于工作地点约定较为宽泛，但从劳动者所从事的岗位来看，"店长"一职虽然具有一定工作地点灵活安排的特性，但很难认为该特性可以达到跨越数个省市远赴外地的程度。虽然劳动者入职时曾在外地培训，但之后相当长的时间都在武汉一地工作，双方并无调整至外省市（尤其是在劳动者生儿育女后调整至外省市）的先例。在此情形下，劳动者不同意调整其工作地点符合人之常情，二审法院判决用人单位支付赔偿金更为合理。

三、专家建议

劳动合同是用人单位和劳动者双方明确权利义务的重要文件，双方均应根据实际情况协商确定合同内容。对于工作地点这一劳动合同必备条款，我们认为除非双方对用人单位经营模式、劳动者工作岗位特性等进行了特别的提示，否则不宜采取较为宽泛的约定，而应当明确具体的工作地点，以便更好地维护劳动者的合法权益。如果在日常管理中确需调整劳动者的工作地点，应当关注调整的合理性并适当增加弥补措施（如提供交通补助、班车等交通上的便捷措施），并尽量降低对劳动者生活的负面影响。

四、关联法条

《中华人民共和国劳动合同法》第 26 条、第 47 条、第 87 条。

用人单位搬迁员工不想去新地点
可以主张补偿吗

工作岗位、工作地点的调整属于对劳动合同的变更，用人单位无权以用工自主权为由单方面调整。那么，如果是因企业迁移、被兼并、资产转移等客观情况发生重大变化，是否构成用工单位径行调整工作岗位、工作地点的合法理由呢？"客观情况发生重大变化"一般是指因不可抗力、地方政策变化等因素导致企业改变经营策略，如国家对某些重污染企业责令关停等。不过，在当下协商优先的原则之下，客观情况发生重大变化并不是用工单位随意解除劳动合同的理由。

一、案例简介 ①

（一）基本案情

赵某于 2010 年 4 月 19 日入职某公司，任生产部员工，双方签订了劳动合同，合同约定的工作地点为北京经济技术开发区东区新城工业园 × 号，赵某的实际工作地点位于北京市通州区张家湾镇某村。2017 年，公司应政府相关部门要求自 8 月 25 日起全部停产。为确保维持正常的生产经营活动，公司经研究决定自 2017 年 9 月 1 日起将生产部迁至河北省霸州市胜芳镇，生产部员工自

---

① 详可参见北京市第二中级人民法院（2018）京 02 民终 7470 号民事判决书。

2017年9月5日起至该地点上班，原有管理模式及薪资福利保持不变。赵某接到通知后，未按上述搬迁通知的要求到新地点上班。公司遂通知赵某解除劳动关系。2017年9月11日，赵某向北京市通州区劳动人事争议仲裁委员会申请劳动仲裁，仲裁委员会于2018年1月5日作出裁决：确认赵某与公司2010年4月19日起至2017年9月5日止存在劳动关系，公司向赵某支付解除劳动合同经济补偿金45000元、代通知金6000元、未休年休假工资3310元，驳回赵某的其他仲裁请求。公司同意上述裁决书中的第一项裁决，不同意其他项裁决，于法定期限内提起诉讼。

（二）案件结果

1. 一审判决

一审法院经审理认为，新旧工作地点之间的距离亦超过社会通常认知的可预见的合理范围，双方劳动合同订立时所依据的客观情况已经发生重大变化，公司与赵某解除劳动合同的行为明显不当。遂判决公司与赵某在2010年4月19日起至2017年9月5日止存在劳动关系，公司于判决生效之日起10日内向赵某支付解除劳动合同经济补偿金31111.28元、代通知金4148.17元。

2. 终审判决

二审法院经审理认为，公司因政策及政府行政管理原因，将其公司生产部自北京市通州区迁往河北省霸州市，考虑到上述两地之间的客观距离，此次搬迁导致的工作地点变更势必对劳动者的工作及个人生活造成重大影响，据此可以视为双方劳动合同订立时所依据的客观情况已经发生重大变化。遂判决驳回上诉，维持原判。

二、以案说法

　　本案的争议焦点有两个：一是用人单位是否可以强制要求员工随企业搬迁至新址；二是用人单位是否作出了解除劳动合同的决定。

　　对于第一个争议焦点，实践中存在一定的争议，但当企业搬迁整体距离较远时，通常倾向于认为用人单位不能强制要求员工随迁至新址。与普通的工作地点变更不同，企业搬迁带有一定的特殊性。因为普通的工作地点变更（例如调整所在项目、门店等），劳动者如果不同意变更，劳动合同可能仍然具备继续按原标准履行的条件。但是对于企业搬迁，如果劳动者不同意变更，那么劳动合同客观上将不具备在原工作地点继续履行的条件，劳动合同将处于客观上无法继续履行的情况。对于此种情形，用人单位从稳定员工队伍、搬迁后尽快恢复生产的角度来讲，通常都希望员工能够随企业去新址。如果企业搬迁距离并不远，比如只是从一栋写字楼搬至邻近的另一栋写字楼，新旧地点之间距离相差不远、对员工的生活并无明显影响，那企业强制员工至新址工作的要求还有可能得到支持；但当新旧地址之间距离相距较远（例如本案中这种从北京市通州区搬迁至河北省霸州市），这种情况超出了社会通常对于工作地点变更的可预见范围，虽然企业愿意提供免费集体宿舍，但该措施可能并不足以合理平衡因企业搬迁给员工造成的不利影响。所以在此种情形，用人单位强制要求员工随企业搬至新址欠缺合理性，通常不会得到支持。

　　对于第二个争议焦点，则属于用人单位在不了解劳动法律规定时很容易产生的一个误解。在本案中，似乎用人单位并未明确作出与员工解除劳动合同的决定。因为该企业在通知中对于不愿意随企业搬迁至新址的员工，是这样规定的："若有未按规定时间到岗者，视同员工自行提出离职，公司不给予任何补偿。"从企业的角度看，似乎其并未作出解除劳动合同的决定，而是员工自己觉得不能做所以自愿离开的，所以其并不认为需要支付解除劳动合同的补偿或赔偿。需要指出的是，目前法律上并没有"视同员工自行提出离职"的规定。如果员工并未明确表明自愿解除劳动合同，一般认为其并不能产生解除劳动合同的法律效果。很多用人单位作出的视为员工自行离职的规定，很有可能是没有法律效力的，甚至可能会被直接认定为是用人单位解除劳动合同的具体决定。在本案中，法院便是将企业关于员工不到岗视同自行提出离职的规定，作为对不到岗员工解除劳动合同的意思表示，进而支持了劳动者关于经济补偿及代通知金的请求。

三、专家建议

对于企业搬迁的情况，一般认为属于客观上无法继续履行劳动合同的情形，用人单位应当依法与员工协商变更劳动合同，例如协商将劳动合同履行地变更至新址。如果双方就变更劳动合同达成一致意见，则双方可以按照变更后的条件继续履行劳动合同；如果双方未能就变更劳动合同达成一致意见，用人单位可以考虑依据《中华人民共和国劳动合同法》第40条第3项的规定，与劳动者解除劳动合同并支付经济补偿（如果未提前一个月通知还需额外支付一个月的工资作为代通知金）。如果用人单位确实希望员工随迁新址，我们建议用人单位可以考虑通过设置搬迁奖金、为员工就搬迁提供便利措施（如安排宿舍、班车，给予额外的住房补贴、交通补助等）等引导员工配合企业搬迁，而不宜采取简单粗暴的管理方式强制要求员工随迁新址。

四、关联法条

《中华人民共和国劳动合同法》第 40 条。

用人单位单方调岗不可具有"恶意"

对于用人单位而言，塑造良好的企业文化，形成信任与尊重的工作氛围，有助于构建和谐的劳动关系，有利于实现企业和劳动者相互成就。然而某些时候，用人单位与劳动者之间的关系往往不尽如人意。当劳动关系发生争议时，部分用人单位会恶意利用用工自主权和劳动者的弱势地位，对劳动者作出单方调岗的决定，甚至演变为用人单位逼迫劳动者离职的行动。

一、案例简介 ①

（一）基本案情

陶某于 2006 年 12 月 14 日入职某原料公司，工作岗位为信息管理中心总监。双方签订的期限为 2017 年 12 月 14 日起至 2020 年 12 月 13 日止的劳动合同约定，陶某的工作岗位为行政管理中心管理类职务。后，陶某主张，2019 年 4 月 9 日至 6 月 4 日，原料公司曾安排自己的直属领导、人力资源中心的相关人员前后分 10 次与自己商谈解除劳动关系的事宜，因双方未能协商一致，故公司将自己调至 8 楼前台工作，取消了公司的打印机使用权限，搬走其办公电脑，自己在明确拒绝调岗的情况下，公司仍以其事实行为拒绝为自己提供劳动条件。2019 年 6 月 10 日，陶某到劳动

---

① 详可参见广东省深圳市中级人民法院（2020）粤 03 民终 10313 号民事判决书。

部门投诉，原料公司不予理睬。2019 年 6 月 14 日，陶某通过邮政快递的方式向公司邮寄了一份《关于要求支付赔偿金的律师函》，通知公司其将于 2019 年 6 月 17 日交还门禁卡和其他资料后，不再回公司上班，但因公司为逼迫自己离职违法调岗而事实上违法解除劳动关系，故其要求公司支付工资及赔偿金。

（二）案件结果

1. 一审判决

一审法院经审理认为，原料公司将陶某的职位由信息管理中心总监降级为普通员工，将陶某的办公地点从办公室调整到 8 楼楼梯大厅的前台位置，虽陶某调岗后的待遇保持不变，但该调岗行为明显具有侮辱性和惩罚性。因此，原料公司对陶某进行的岗位调整违反了法律规定。遂判决原料公司应于本判决生效之日起 3 日内支付陶某 2019 年 6 月 1 日至 17 日期间的工资 8891.57 元、解除劳动合同的经济补偿 262665 元。

2. 终审判决

二审法院认为，一审法院认定该调岗行为明显具有侮辱性和惩罚性，并无不当，遂判决驳回上诉，维持原判。

二、以案说法

本案的争议焦点主要是用人单位调岗的决定是否合法。

根据《中华人民共和国劳动合同法》的规定，用人单位可以单方调整劳动者工作岗位情形主要有两种：第一种是劳动者医疗期满不能从事原工作；第二种是劳动者不能胜任工作。除以上两种情形，一般认为用人单位根据经营需要，也可以适当地对劳动者的工作岗位进行调整，但该调岗需要注意对合理性给予充分关注。根据对相关案例审判观点的归纳，法院判断调岗合理性时主要参考的因素包括：用人单位经营必要性、目的正当性，调整后的岗位为劳动者所能胜任、工资待遇等劳动条件无不利变更，对劳动者人格并无歧视或侮辱。

我们注意到在本案中，用人单位虽然在调岗过程中并没有对劳动者的薪资待遇进行调整，但除此之外的其他安排却存在很多不合理之处，包括：将劳动者的职级从总监骤降为普通员工，将劳动者的工作地点从办公室调整到前台，取消了劳动者的打印机使用权限并搬走其办公电脑。这些显然不是用人单位对于普通劳动者正常的工作安排，而是带有非常明显的"恶意"，显然是想通过这种带有人格侮辱的做法排挤劳动者，以实现让劳动者自己提出离职的目的。如果这种职场霸凌不需要承担相应的责任，那么显然广大劳动者的人格尊严及合法权益都将无法得到保障。所以在本案中，当劳动者以用人单位未能依法提供相应的劳动条件为由提出被迫辞职后，法院相应地支持了劳动者获得解除劳动合同经济补偿的请求。

三、专家建议

在市场经济环境中，用人单位可以根据经营需要对劳动用工情况进行自主管理，这是用人单位的法定权利。但需要注意的是，该权利必须在法律的框架下行使，尤其不能侵害劳动者的合法权益。作为自然人，劳动者的合法权益不仅仅包括获得相应的劳动报酬，还包括人格尊严不受侵犯。用人单位不能认为只要不调薪就可以对劳动者随意进行欺辱。面对职场霸凌，广大劳动者也应当勇敢地运用法律积极地维护自身的合法权益，营造和谐健康的用工环境与社会秩序。

四、关联法条

《北京市劳动合同规定》第 38 条；

《中华人民共和国就业促进法》第 8 条。

第五章　劳动合同的解除与终止

用人单位可以随意解除试用期员工吗

在转正之前，新人劳动者基本都要进行一段试用期的磨炼，但是在这个试用期间自己的去留并不是大众认为的是由公司随意决定的。虽然根据相关法律规定，劳动者在试用期间被证明不符合录用条件的，用人单位可以解除劳动合同。但是，用人单位享有用工自主权的同时，也要履行自己的义务，在招聘时对劳动者明确符合劳动合同目的的合法的无歧视的录用条件、岗位职责以及试用期的考核标准，同时如果认为劳动者不符合标准，也要在试用期结束之前通知。如果没有明确通知考核标准的，用人单位并不能以不合格为由解除劳动合同，不能让劳动者耗费了许多时间和精力，最终却不明不白地离开。

一、案情简介①

（一）基本案情

刘某于 2021 年 6 月 17 日入职 A 公司，从事销售工作，月工资 3000 元。A 公司与刘某签订了三年固定期限劳动合同，合同中约定试用期 6 个月，自 2021 年 6 月 17 日起至 2021 年 12 月 16 日止。A 公司于 2021 年 7 月 26 日以刘某试用期不合格为由与其解除劳动合同，刘某认为自己符合招聘广告中的录用条件，即本科学

---

① 详可参见天津人社案例之三：用人单位以"试用期不合格"为由解除劳动合同需要注意什么。

历、2 年以上同行业从业经验，入职后也没有人告知其岗位职责及考核标准，公司说他试用期不符合录用条件没有依据，遂向劳动人事争议仲裁委员会提出仲裁申请，要求 A 公司给付违法解除劳动合同赔偿金 6000 元。

（二）案件结果

庭审中，A 公司认为，对销售人员最主要的考核指标是业绩，刘某入职一个月以来，既未给公司带来订单，也未介绍新的客户给公司，完全不符合录用条件。仲裁经审理后认为，A 公司招聘信息中只提及要求本科学历、2 年以上同行业从业经验，入职后对刘某的考核标准并未明确，不能适用试用期间不符合录用条件的相关规定，因此，A 公司构成违法解除劳动合同，裁决 A 公司支付刘某违法解除劳动合同赔偿金 3000 元。

二、以案说法

本案的争议焦点在于单位以试用期不符合录用条件为由辞退刘某是否合法。接下来，我们就来看看，试用期不符合录用条件解除的法定要求。

很多用人单位认为，试用期的员工，可以随时解除劳动合同，这其实是个很严重的误区。试用期是用人单位和劳动者相互了解和考察的期限，试用期内劳动者觉得不合适的，可以提前 3 天通知用人单位后离职；但用人单位觉得不合适的，并非可以任性解除，还需要满足以下 3 个条件。

（一）单位有试用期录用条件，并将录用条件告知劳动者

这里的试用期录用条件需合法、合理。如，单位规定试用期内不得申请病假，请病假视为不符合录用条件，便因违反侵害了员工休息休假的权利而违法；再如，单位向试用期销售人员设置的销售目标远高于单位该岗位销售人员的平均业绩，便可能因录用条件不合理而得不到支持。此外，用人单位的试用期录用条件还应当明确，比如单位规定工作态度不积极的，属于不符合录用条件，但没有设置不积极的具体标准，以给员工发信息员工半小时后才回复、响应时间不及时为由主张其不符合录用条件，能否得到支持便会存在很大争议。还有的用人单位在打官司时才拿出一份试用期录用条件，但该条件既没有员工签字，又没有发送给员工的记录，员工看到录用条件后也很困惑，因为自己从来没见到过这份文件，这种没有告知的录用条件当然也无法有效适用。

值得注意的是，部分地方的会议纪要中规定了劳动者严重违反诚信原则的行为属于试用期不符合录用条件，如提供虚假学历、虚假工作履历或其他证明等。如果劳动者出现这类行为，即便单位没有试用期录用条件和相应的告知证明，也可以依据相关政策的规定解除劳动关系。

（二）劳动者有不符合录用条件的行为

有了判断标准，最重要的还要有员工确实存在不符合录用条件的行为这一实质要件。对此，上面我们提到了，用人单位在作出辞退决定时，需由单位承担举证责任，且单位作为管理方，关于劳动者工作表现的相关凭证也是由其掌握的。因此，应当由单位举证证明劳动者确实存在规章制度或相关合同、文件中规定的不符合录用条件的行为。比如，常见的违反考勤规定、业绩不达标，都需要用人单位提供考勤表、签到记录、业绩数据等予以证明，否则将无法得到支持。

（三）单位在试用期内作出并送达解除决定

实践中，我们还遇到过这样的情况：员工的试用期今天到期，但单位相关人员因工作繁忙，或尚未完成审批手续，故拖延了几天，试用期满之后才向员工发送试用期不符合录用条件的解除通知。这种情形也是违法的，依据试用期不符合录用条件辞退，必须在试用期内作出并送达解除决定。《中华人民共和国劳动合同法》对于试用期的期限有着严格限制，员工转正与否并非以单位审批为准，而是看是否在试用期期限内。一旦超出试用期，员工就已经转正，不再是试用期员工的身份，单位也不能再依据试用期员工的规则将其解雇了。

本案中，A 公司只在招聘广告中注明对销售岗位人员的要求是本科学历、2 年以上同行业从业经验，入职后也未对试用期业绩提出要求，却想当然地以员工没有业绩为由认定构成不符合录用条件，最终因不符合法律规定，被认定属于违法解除，支付赔偿金。

三、专家建议

不少用人单位认为试用期员工可以任人拿捏，单位可以想辞就辞，这种想法是不符合法律规定的。俗话说，"无规矩，不成方圆"。用人单位想要以员工不符合录用条件为由解除，那么首先就要把单位的"规矩"，也就是录用条件拿出来。只有当单位的录用条件合法、合理，履行了告知程序，当员工出现上述不符合录用条件的情形时，单位才可以依法在试用期内依据试用期不符合录用条件与其解除劳动关系。劳动者如果在实际工作中遭遇了不遵守规则的单位，也不用因为试用期的身份便自觉理亏，可以拿出上述规则与用人单位理论，维护自己的合法权益。

四、相关法条

《中华人民共和国劳动合同法》第 39 条；

《中华人民共和国劳动合同法实施条例》第 19 条。

用人单位可以超出解除通知书载明的理由开除员工吗

　　员工出现严重违纪行为的，用人单位可以依法解除劳动关系，向员工发送解除通知书。当解除通知书上写明了依据某个违纪行为将员工辞退，到了仲裁诉讼阶段，单位发现解除通知书上的理由不成立时，又提出员工还有其他违纪行为，是否能够得到支持呢？针对这一问题，最高人民法院发布指导案例明确表示，应以解除通知书中明确记载的依据及事由为标准进行审查，不宜超出解除劳动合同通知书所载明的内容和范围。

一、案例简介 ①

（一）基本案情

　　2016 年 7 月 1 日，孙某入职某人力公司，从事收派与司机岗位工作。双方签订的劳动合同载明，公司依法制定并通过公示的各项规章制度，如员工手册、奖励与处罚管理规定、员工考勤管理规定等文件作为本合同的附件，与本合同具有同等效力。

　　奖励与处罚管理规定载明，公司对员工的负面行为给予处罚，处罚种类分为 5 类：第一类责任为警告，扣 1—2 分；第二类责任为严重警告，扣 3—4 分；第三类责任为记过，扣 5—6 分；第四

---

① 详可参见江苏省连云港市中级人民法院（2019）苏 07 民终 658 号民事判决书。

类责任为记大过，扣 7—10 分；第五类责任为解除合同、永不录用。有配发制服、袖标等标识物但上班时间未按要求穿戴的，均为第一类责任；对同事恶意谩骂、恐吓、陷害、挑起事端，以武力威胁同事或与同事发生轻微肢体冲突等破坏员工队伍团结的，或委托让人或代他人打（刷）出勤卡及签到的，为第四类责任；连续旷工 3 天（含）以上或一年内累计旷工达 6 天（含）以上的，或利用工作之便挪用或侵占公司公款的，为五类责任；在一个计分周期内，因直接责任处罚累计扣分达 20 分（含）的，视为严重违纪，给予解除劳动合同处理。

2017 年 8 月 25 日，孙某在履职过程中吸入有毒有害气体，同年 10 月 10 日被认定为工伤。

2017 年 9 月 12 日、10 月 3 日、10 月 16 日，孙某先后存在工作时间未穿工作服、代他人刷考勤卡、在单位公共平台留言辱骂公司主管等违纪行为。人力公司根据奖励与处罚管理规定，由用人部门负责人、建议部门负责人、工会负责人、人力资源部负责人共同签署确认，对孙某上述违纪行为分别给予扣 2 分、扣 10 分、扣 10 分处罚，但具体扣分处罚时间难以认定。

2017 年 10 月 17 日，孙某被所在单位用人部门以未及时上交履职期间的营业款项为由安排停工。次日，孙某至所在单位刷卡考勤，显示刷卡信息无法录入。

10 月 25 日，公司出具离职证明，载明：孙某自 2017 年 10 月 21 日从西区公司正式离职，已办理完毕手续，即日起与公司无任何劳动关系。

10 月 30 日，公司又出具解除劳动合同通知书，载明：孙某在未履行请假手续也未经任何领导批准情况下，自 2017 年 10 月 20 日起无故旷工 3 天以上，依据国家的相关法律法规及单位规章制度，经单位研究决定自 2017 年 10 月 20 日起与孙某解除劳动关系，限于 2017 年 11 月 15 日前办理相关手续，逾期未办理，后果自负。

之后，孙某申请仲裁，仲裁裁决后孙某不服诉至法院，要求公司支付违法解除劳动合同赔偿金共计 68500 元。

公司在案件审理过程中提出，孙某在职期间存在未按规定着工作服、代他人刷考勤卡、在单位公共平台留言辱骂公司主管等违纪行为，严重违反用人单位规章制度，且自 2017 年 10 月 20 日起，孙某在未履行请假手续且未经批准的情况下无故旷工多日，构成第五类处罚，公司系依法自 2017 年 10 月 20 日起与孙某解除劳动关系。

（二）案件结果

1. 一审判决

一审法院认为，法院对公司解除劳动合同合法性的审查应以解除劳动关系通知书中载明的事由为限，即审查公司以孙某无故旷工 3 天以上而解除劳动合同是否合法，对于公司庭审中又提出的孙某存在其他严重违纪行为不予采信。

关于旷工 3 天以上，公司仅提交员工考勤表为证，但该考勤表未经孙某签字确认，孙某不予认可，认为是单位领导安排停工并提供刷卡视频为证，因此，公司未能举证证明员工的违纪事实，对其主张不予支持。

综上，法院于 2018 年 11 月 15 日作出（2018）苏 0724 民初 2732 号民事判决：（1）被告公司于本判决发生法律效力之日起十日内支付原告孙某经济赔偿金 18989.46 元。（2）驳回原告孙某的其他诉讼请求。

2. 终审判决

二审法院于 2019 年 4 月 22 日作出（2019）苏 07 民终 658 号民事判决：驳回上诉，维持原判。

二、以案说法

本案的争议焦点主要有两个：一是公司依据孙某连续旷工 3 天以上构成严重违纪，与其解除劳动关系是否合法；二是超出解除通知书的违纪行为是否可以作为解除依据。

（一）旷工解除的合法性

《中华人民共和国劳动合同法》第 39 条规定，劳动者严重违反用人单位规章制度的，用人单位可以解除劳动合同。因此，如果用人单位的规章制度中明确规定了旷工 3 天以上属于严重违纪，将给予解除劳动合同处罚，当员工出现上述违纪行为时，单位是有权依据规章制度的规定依法与员工解除劳动关系的。

又根据《最高人民法院关于审理劳动争议案件适用法律问题的解释（一）》第 44 条规定，"因用人单位作出的开除、除名、辞退、解除劳动合同、减少劳动报酬、计算劳动者工作年限等决定而发生的劳动争议，用人单位负举证责任"。一般来说，严重违纪辞退，单位应当举证证明以下三要素：（1）规章制度关于严重违纪的规定；（2）规章制度的民主程序和公示告知；（3）员工存在违纪事实。本案中，单位主张孙某自 2017 年 10 月 20 日起无故旷工 3 天以上，就此提交考勤表为证，但考勤表上无孙某签字，仅此证据无法有效认定孙某的旷工事实；而孙某主张是单位领导于 2017 年 10 月 17 日安排其停工，并提供 10 月 18 日刷卡失败的视频，体现了并非孙某旷工，而是单位的安排导致孙某无法进入办公场所，印证了其主张的单位领导安排停工。综上，单位虽然举证证明规章制度中规定了连续旷工3天属于严重违纪、单位已经将规章制度告知孙某，但由于未能提供证据证明孙某存在违纪事实，最终被法院认定为证据不足，公司解除违法，并支持了孙某关于赔偿金的请求。

（二）超出解除通知书的违纪行为是否可以作为解除依据

答案显然是否定的。本案作为最高人民法院公布的指导案例，有一段较为经典的论述，可作为对此问题的论证。法院认为，"用人单位单方解除劳动合同的行为是用人单位根据作出时的事实、证据和法律作出的，对其合法性的评价也应以该决定作出时的事实、证据和法律为标准。用人单位向劳动者送达的解除劳动合同通知书，是用人单位向劳动者作出解除劳动合同的意思表示，对用人单位具有法律约束力。解除劳动合同通知书明确载明解除劳动合同的依据及事由，其被诉请人民法院审查的，人民法院应以该决定作出时的事实、证据和法律为标准进行审查，不宜超出解除劳动合同通知书所载明的内容和范围。否则，将偏离劳资双方所争议的解除劳动合同行为的合法性审查内容，导致法院裁判与当事人诉讼请求以及争议焦点不一致；同时，也违背民事主体从事民事活动所应当秉持的诚实信用这一基本原则，造成劳资双方权益保障的失衡"。

三、专家建议

劳动者收到用人单位解除其劳动合同的通知时，一定要认真阅读通知内容，判断单位的通知是否合法、合理，如果单位侵害了自己的合法权益，劳动者也可以拿起法律武器维护自身权益。反之，用人单位行使用工自主权、管理权不可过于任性，要本着诚信原则、合法合规处理，即便是违纪员工，单位在处理时也要明确告知员工处理的事实依据、制度依据，不能告知员工的时候说根据一，打官司时又说根据二，不但无法让人信服，也得不到司法裁审机关的支持。

四、关联法条

《中华人民共和国劳动合同法》第 39 条；

《最高人民法院关于审理劳动争议案件适用法律问题的解释（一）》第 44 条。

管理人员对被性骚扰员工的投诉未采取合理措施单位可以开除吗

　　性骚扰一直是职场中的大忌，实践中也有公司因为未能及时妥善处理性骚扰问题引发重大风险的案例。随着女性自我保护意识的不断崛起以及女性话语权的提升，女性可以更勇敢地对这种不正当行为说"No"，公司对此问题也愈加重视，很多公司都制定了防止性骚扰的制度规定、性骚扰事件的处理机制并安排了相应的培训。在防止性骚扰的具体实践中，管理人员肩负重任，负有及时制止性骚扰并处理有关投诉的职责。若管理人员对职工被性骚扰的情况视而不见甚至暗加纵容，配备了完善性骚扰防治制度的用人单位以此为由主张解除管理人员的劳动合同，法院也会予以支持。

一、案情简介 ①

（一）基本案情

　　郑某于 2012 年 7 月入职某自动化控制公司，担任渠道销售经理。

　　2018 年 8 月 30 日，郑某因认为下属女职工任某与郑某上级邓某（已婚）之间关系有点僵，找任某谈话。谈话中，任某提及刚入职时曾向郑某出示过间接上级邓某发送的性骚扰信息，郑某当

---

① 详可参见上海市第一中级人民法院（2021）沪 01 民终 2032 号民事判决书。

时对此答复"我就是不想掺和这个事""我往后不想再回答你后面的事情""我是觉得有点怪，我也不敢问"。

2018年11月，郑某以任某不合群等为由向公司人事部提出与任某解除劳动合同，但未能说明解除的合理依据。对此，任某表示系因其拒绝性骚扰行为而受到打击报复。

2019年1月15日，公司对郑某进行调查时，问郑某有无女员工向郑某反映邓某跟其说过一些不合适的话、对其进行性骚扰，郑某答复"没有"。

另，公司配有完备的性骚扰防范培训机制，其商业行为准则规定了经理和主管应确保下属能畅所欲言而无须担心遭到报复，所有的担忧或问题能及时得到解决；其员工手册中规定对他人实施性骚扰、违反公司商业行为准则、在公司内部调查中作虚假陈述的行为均属于会导致立即辞退的违纪行为。

2019年1月31日，公司出具单方面解除函，以郑某未尽经理职责，在下属反映遭受间接上级性骚扰后没有采取任何措施帮助下属不再继续遭受性骚扰，反而对下属进行打击报复，在调查过程中就上述事实作虚假陈述为由，与郑某解除劳动合同。

郑某不服，于2019年7月22日向上海市劳动争议仲裁委员会申请仲裁，要求公司支付违法解除劳动合同赔偿金368130元。仲裁委作出裁决，公司解除合法，对郑某的仲裁请求不予支持，后郑某起诉至法院。

（二）案件结果

1. 一审判决

法院认为，郑某作为经理和主管人员，不仅明确拒绝下属向其反映的性骚扰问题，而且在谈话中向下属发表不恰当的言论，有违其作为部门主管应尽的职责，且在公司调查中作虚假陈述，属于严重违纪,公司据此解除并无不妥,驳回郑某的诉讼请求。

2.终审判决

驳回上诉,维持原判。

二、以案说法

本案的争议焦点有两个:一是公司及管理者对性骚扰行为应当承担怎样的义务;二是公司的解除是否合法。

(一)公司及管理者对性骚扰行为的义务

《中华人民共和国妇女权益保障法》(以下简称《妇女权益保障法》)第25条规定,用人单位应当采取下列措施预防和制止对妇女的性骚扰:(1)制定禁止性骚扰的规章制度;(2)明确负责机构或者人员;(3)开展预防和制止性骚扰的教育培训活动;(4)采取必要的安全保卫措施;(5)设置投诉电话、信箱等,畅通投诉渠道;(6)建立和完善调查处置程序,及时处置纠纷并保护当事人隐私和个人信息;(7)支持、协助受害妇女依法维权,必要时为受害妇女提供心理疏导;(8)其他合理的预防和制止性骚扰措施。

可见,公司应当制定禁止性骚扰的规章制度、处置程序,开展培训,明确负责人员等。在公司规章制度有明确规定的情形下,相关管理者应当根据公司规章制度的规定,承担相应的管理责任。本案中,公司规章制度明确规定了对他人实施性骚扰属于严重违纪,且规定了管理人员有保障下属言论自由、无须担心报复,所有的担忧或问题能及时得到解决的义务,郑某作为销售经理,应当负有上述责任。

(二)公司的解除是否合法

本案比较特殊的地方在于,郑某并非性骚扰行为的实施者,而是被性骚扰员工管理者的身份。由于性骚扰行为本身的敏感性和严重性，结合公司规章制度对此有明确规定，即"经理和主管应确保下属能畅所欲言而无须担心遭到报复，所有的担忧或问题能及时得到解决"，如有违反，属于严重违纪。

郑某作为管理者，不但没有保证员工畅所欲言、为员工解决问题，反而拒绝员工反映问题、发表不当言论，有违其作为管理人员的职责，其行为明显属于严重违纪。

三、专家建议

我国《妇女权益保障法》明确规定，"禁止违背妇女意愿，以言语、文字、图像、肢体行为等方式对其实施性骚扰"、用人单位亦应采取相应措施预防和制止性骚扰行为。当员工在遇到性骚扰问题时，可循单位规章制度之规定，向单位相关责任人员反映问题，相关管理人员应切实履行其职责，迅速响应给予员工相应帮助，必要时可以协助员工向公安机关报案。性骚扰作为法律明令禁止的行为，用人单位和相关管理人员一定要引起重视，不作为的态度和行为坚决不可取。否则，管理人员可能面临处理不当受到处分甚至辞退的后果，公司可能面临事件发酵引发更大舆情风险的严重后果。

四、相关法条

《中华人民共和国劳动法》第 39 条；

《中华人民共和国妇女权益保障法》第 23 条、第 25 条；

《中华人民共和国民法典》第 1010 条。

用人单位解除劳动合同既要合法也要合理

用人单位享有用工管理权，职工亦享有假期的权利。如果说一般的事假或者年假用人单位可以依用工管理权不予审批，但出现类似父母重病、去世等特殊情况时，用人单位拒不批假同时又以旷工为由辞退员工，是否涉及用工管理权的滥用？是否违反相关法律构成违法辞退？职工在这时又该如何维权？

一、案情简介 ①

（一）基本案情

李某于2021年2月26日入职某电子商务公司，签订了劳动合同，岗位为高级工程师。2021年12月，公司认定李某当月绩效考核成绩为C，李某不予认可，并提出申诉。

2022年1月21日，李某父亲患癌症晚期，李某通过微信向直属领导请假，直属领导口头表示同意。同时，李某通过邮箱向领导和人力发送了"因父亲病重需紧急返乡，特提出请假申请"的邮件，内容包括："各位领导好，因父亲病重，癌症晚期，还不知道能不能扛过这个年，需紧急返乡探亲，特提出请假申请，暂先请事假一周，请假时间：2022年1月24日至1月30日，后面若需要到时候提交新的请假申请，多谢领导们理解和批准……"

---

① 详可参见北京市东城区人民法院（2022）京0101民初14533号民事判决书。

2022年1月24日，公司回复邮件要求李某于当日提交父亲病重或住院等相关材料，否则将按照旷工处理。李某1月24日通过微信向直属领导提交了病历照片，又于1月25日提供了病历照片、病房照片及看护视频。

2022年1月28日，李某父亲病逝。下午，公司向李某发出解除劳动合同通知书，以李某在请假未获批的情况下不到岗工作构成旷工，以及拒绝公司绩效整改为由，严重违反公司规章制度，解除劳动合同。

2022年1月29日，公司人力向李某发送了"关于发放丧葬慰问金的告知函"邮件，内容包括："昨天在电话中通知您查看解除劳动关系通知书的过程中得知您父亲去世的消息，公司方面深表同情，经公司研究决定向您及家人发放丧葬慰问金5800元，此笔慰问金将随1月份工资一并发放。"后，公司因李某旷工和未交接暂未支付。

李某不服，于2022年2月28日向当地劳动人事争议仲裁委员会申请仲裁。仲裁委裁决公司解除违法，支付李某违法解除劳动合同赔偿金113520元、丧葬慰问金5800元等。

（二）案件结果

法院经审理后认为，劳动者有自觉维护用人单位劳动秩序、遵守用人单位规章制度的义务；用人单位用工管理权的行使方式亦应善意、宽容、合理。公司在明知其父亲重病的情况下，仍以请假材料不全、未经审批为由，要求李某到岗，未体现出以人为本的发展理念，与社会主义核心价值观中友善的要求不符，亦有悖中华民族的传统孝文化，既不合情也不合理。综上，李某不构成旷工，公司属于违法解除劳动合同，故判决电子商务公司支付李某违法解除劳动合同赔偿金113520元、丧葬慰问金5800元等。

二、以案说法

本案的争议焦点在于：用人单位用工管理权的边界在哪里；用人单位在适用规章制度时，除了合法性的要求外，是否还应具备合理性。

法官在判决书的论述中提及，"为尽人子孝道，提出请假，符合中华民族传统的人伦道德和善良风俗。公司亦应以普通善良人的宽容心、同理心加以对待。对于请假程序，李某父亲患重病病危，在事发紧急的情况下，李某已经口头提前向直属领导、公司人事申请请假，在照顾患病父亲期间也将其父患病的相关资料传给了公司，公司在明知其父亲重病的情况下，仍以请假材料不全、未经审批为由，要求李某到岗，显然未注意到劳动关系的人合性，未尽到用人单位对劳动者的照顾义务，在执行管理制度时未体现出以人为本的发展理念，与社会主义核心价值观中友善的要求不符，亦有悖中华民族的传统孝文化，既不合情也不合理。"可见，合法只是最低要求，在此之上，用人单位不可以机械管理、不近人情，还需兼顾合情合理。用人单位固然对员工有管理权，但管理并非一味地要求员工服从，还应对员工给予基本的关怀和照顾。本案中，在李某明确告知公司父亲重病，并提供病历照片、病房照片和看护视频的情况下，公司未本着同理心对员工进行任何关怀，反而咄咄逼人，未免太过任性，最终自食其果，被认定为违法解除。

三、专家建议

用人单位的用工管理权并非单位任性的挡箭牌，恰恰相反，权力的背后意味着更大的责任，即对社会的责任、对员工的责任。

因父去世请假未获批反被辞退的案例，在 2021 年发生并轰动一时后，2022 年再次上演，也反映出实践中用人单位机械管理的问题诟病久矣。在当前人民物质生活条件逐步改善，人民追求美好幸福生活的阶段，劳资关系的处理中，如果能多一些人情味，相信能够有助于早日实现法律和道德相辅相成、社会主义核心价值观得以弘扬的美好愿景。

四、相关法条

《中华人民共和国劳动合同法》第 48 条。

拒绝违法超时加班安排被用人单位解除能被法院支持吗

最高人民法院联合人力资源和社会保障部于 2022 年发布的第二批典型案例中，第一次出现 10 个案例全部是关于加班的情形。可见，国家相关部门也对加班问题给予了高度重视。《中华人民共和国劳动法》（以下简称《劳动法》）等相关法律法规对劳动者的工作时间和延长工作时间都有着明确的要求，用人单位违反规定强行安排劳动者加班的，劳动者有权拒绝，用人单位若据此解除劳动合同是违法行为。

一、案情简介 [①]

（一）基本案情

张某于 2020 年 6 月入职某快递公司，双方订立的劳动合同约定试用期为 3 个月，试用期月工资为 8000 元，工作时间执行快递公司规章制度相关规定。快递公司规章制度规定，工作时间为早 9 时至晚 9 时，每周工作 6 天。两个月后，张某以工作时间严重超过法律规定上限为由拒绝超时加班安排，快递公司即以张某在试用期间被证明不符合录用条件为由与其解除劳动合同。张某向劳

[①] 详可参见人力资源和社会保障部、最高人民法院联合发布的十起第二批劳动人事争议典型案例之一：张某与某快递公司劳动合同纠纷案——劳动者拒绝违法超时加班安排，用人单位能否解除劳动合同。

动人事争议仲裁委员会申请仲裁。

（二）案件结果

申请人请求裁决快递公司支付违法解除劳动合同赔偿金 8000 元。仲裁委员会裁决快递公司支付张某违法解除劳动合同赔偿金 8000 元（裁决为终局裁决）。仲裁委员会将案件情况通报劳动保障监察机构，劳动保障监察机构对快递公司规章制度违反法律、法规规定的情形责令其改正，给予警告。

二、以案说法

本案的争议焦点在于：第一，用人单位是否有权安排劳动者加班；第二，用人单位是否可以依据劳动者不同意加班将其辞退。

（一）加班的定义、要求和后果

1. 什么是加班

根据《劳动法》《国务院关于职工工作时间的规定》等相关法律法规、政策的规定，标准工时制度的职工，工作时间要求为 "8+40+1"，即每日工作不得超过 8 小时、每周工作不得超过 40 小时，每周至少休息 1 天。除此之外，11 个法定节假日也要安排员工休假。

用人单位安排职工超出上述工作时间之外工作的，即属于加班。比如，用人单位安排员工工作日工作了 10 小时的，则存在 2 小时加班；用人单位除了 8 小时 5 天的工作日外，安排员工周六全天工作的，则存在休息日加班 1 天；用人单位安排员工国庆节法定假日工作 4 小时的，则存在 4 小时加班。

2. 加班的要求

法律法规是否禁止用人单位安排加班呢？如果不禁止的话，对于加班的时间是否有要求呢？

根据《劳动法》第41条的规定，用人单位确因生产经营需要的，与工会或者劳动者协商后可以安排加班，加班时长的要求是，一般每日不得超过1小时；因特殊原因需要安排劳动者加班的，在保障劳动者身体健康的条件下每日不得超过3小时、每周不得超过36小时。此外，还规定了在发生自然灾害、事故等威胁劳动者生命健康和财产安全、公共设施发生故障影响生产和公众利益等需要紧急处理和及时抢修的情形下，不受上述限制的特殊情形。

3. 加班的法律后果

支付加班费或者调休，这一点大家都不陌生。加班费的具体标准，根据工作日加班、休息日加班、法定节假日加班的不同，分别应当按照150%、200%、300%予以支付。如果用人单位拒不支付劳动者加班费的，可由劳动行政部门责令支付。

如果用人单位违反上述规定安排劳动者加班的，还将面临劳动行政部门警告、责令改正、罚款等行政责任。

（二）用人单位可否依据员工不同意加班将其辞退

了解了加班的要求，这个问题便可迎刃而解。如果用人单位加班的安排符合法律规定，尤其是如果用人单位系因威胁劳动者生命健康和财产安全、影响公众利益等情形而安排员工加班，员工拒不服从，那么单位是可以依据规章制度的规定和劳动合同约定对员工作出处理的；如果用人单位的加班安排本身即属于违法要求，那么劳动者有权拒绝，并有权对用人单位危害劳动者身体健康的劳动条件提出批评、检举和控告。

三、专家建议

本案再次提醒用人单位，行使管理权不可以任性。单位固然有制定规章制度的权利、用工管理的权利，但所有权利的行使都要以合法为底线，否则，可能面临支付赔偿、影响声誉，甚至行政处罚的后果，赔了夫人又折兵。

四、相关法条

《中华人民共和国劳动法》第 26 条、第 41 条、第 43 条。

提供虚假学历证书用人单位可以解除劳动合同吗

现实中，有人投机取巧意图通过伪造学历证书、技能证明来获得求职机会。公司蒙在鼓里，同时与劳动者签署了正式劳动合同。不料有一天东窗事发，学历证明被发现伪造。针对这一情况，法律也是有相关规定的。劳动者即使伪造了一份天衣无缝的学历证书欺诈公司，也同公司签署了正式劳动合同，但是在法律上这份通过欺诈手段签署的劳动合同是无效的。

一、案情简介[①]

（一）基本案情

2018年6月，某网络公司发布招聘启事，招聘计算机工程专业大学本科以上学历的网络技术人员一名。赵某为销售专业大专学历，但其向该网络公司提交了计算机工程专业大学本科学历的学历证书、个人履历等材料。后，赵某与网络公司签订了劳动合同，进入网络公司从事网络技术工作。2018年9月初，网络公司偶然获悉赵某的实际学历为大专，并向赵某询问。赵某承认自己为应聘而提供虚假学历证书、个人履历的事实。网络公司认为，

[①] 详可参见人力资源和社会保障部、最高人民法院联合发布的第一批劳动人事争议典型案例之十：赵某与某网络公司劳动合同纠纷案——劳动者提供虚假学历证书是否导致劳动合同无效。

赵某提供虚假学历证书、个人履历属欺诈行为，严重违背诚实信用原则，根据《中华人民共和国劳动合同法》（以下简称《劳动合同法》）第26条、第39条规定解除了与赵某的劳动合同。

赵某不服，向劳动人事争议仲裁委员会申请仲裁，要求公司继续履行合同。

（二）案件结果

仲裁委员会经审理后认为，赵某在应聘时故意提供虚假学历证书、个人履历，致使网络公司在违背真实意思的情况下与赵某签订了劳动合同，双方签订的劳动合同无效，网络公司据此解除符合法律规定，故裁决驳回赵某请求。

二、以案说法

本案的争议焦点在于赵某提供虚假学历证书是否构成欺诈，进而导致劳动合同无效。这一点看似简单，实际操作中却大有学问。

（一）《劳动合同法》关于合同无效的相关规定

《劳动合同法》第26条第1款规定，下列劳动合同无效或者部分无效：（1）以欺诈、胁迫的手段或者乘人之危，使对方在违背真实意思的情况下订立或者变更劳动合同的……

《人力资源和社会保障部　最高人民法院关于劳动人事争议仲裁与诉讼衔接有关问题的意见（一）》第19条规定，用人单位因劳动者违反诚信原则，提供虚假学历证书、个人履历等与订立劳动合同直接相关的基本情况构成欺诈解除劳动合同，劳动者主张解除劳动合同经济补偿或者赔偿金的，劳动人事争议仲裁委员会、人民法院不予支持。

可见，提供虚假学历证书、个人履历是相关法律法规明确列举的欺诈行为。但实际操作中，提供虚假学历证书如何认定呢？是否所有提供虚假学历证书的行为，用人单位都可以解除？

（二）提供虚假学历证书的认定

实践中的场景总是纷繁复杂的，我们曾遇见过无中生有提供虚假学历的，还遇见过员工虽然有学历但不符合要求，篡改学历的、学校的，也遇见过学历证书真实，但劳动者隐瞒非全日制学制的，甚至还遇见过专升本的劳动者隐瞒学习时间，意图隐瞒专科背景的。上述场景是否都可以认定为提供虚假学历证书的学历欺诈行为？我们认为，判断学历欺诈除了看员工提供的学历证明和信息形式上是否有瑕疵以外，还是要充分考虑劳动者是否存在违背诚信原则提供虚假信息或隐瞒真实信息的主观故意。如劳动者因笔误填写错误且事后向单位做了说明，或者劳动者对学历的认识有误，或者劳动者并非故意隐瞒与学历相关事项的，不宜直接认定为提供虚假学历证书的学历欺诈。

（三）提供虚假学历证书导致劳动合同无效的认定

根据上述法律法规和意见的规定，以及司法实践中关于虚假学历的案例等情况来看，我们认为，判断虚假学历是否导致合同无效，应当从用人单位是否对学历提出明确要求、用人单位要求学历是否具备合理性、劳动者提供的虚假信息是否属于与劳动合同直接相关的基本情况、用人单位是否在合理期限内作出解除决定、劳动者在用人单位的工作表现、用人单位是否以提供虚假学历掩盖真实的解除原因等因素综合考量。比如，单位对员工学历并无硬性要求，或者劳动者提供的学历存在瑕疵但并不足以影响单位决定是否录用的，或者用人单位在劳动者入职多年且在职期间多次获得单位奖项的情形下，简单粗暴地以员工提供虚假学历为由与其解除劳动合同的，便存在不被支持的可能性，实践中也不乏这样的案例。

三、专家建议

诚实信用原则是订立劳动合同的基本原则，也是劳动者应当遵守的最基本的劳动纪律和职业道德，是劳动关系中双方均应坚守的底线。古语有云，"人无信不立"。诚信是中华民族的优良品德，是我们应当继承和发扬的精神。各地法院、人社部门也曾发布诚信典型案例、诚信建设白皮书等，大力弘扬诚实信用原则。反之，如果劳动者或用人单位违背诚信原则，甚至铤而走险，那么势必得不到支持，司法部门将还以严重的法律后果，给予其相应惩罚。

四、相关法条

《中华人民共和国劳动合同法》第3条、第8条、第26条、第39条；

《人力资源和社会保障部 最高人民法院关于劳动人事争议仲裁与诉讼衔接有关问题的意见（一）》第19条。

员工存在制度中未列明的违纪行为能辞退吗

在司法实践中，由于单位可以依据员工严重违反规章纪律，与之解除劳动合同，因此会倡导用人单位制定明确的规章制度和劳动纪律。就病假这一问题而言，其为保护劳动者的基本人权，相关法律规定劳动者休病假的同时应享受工资待遇。实践中，用工单位为了防止员工"小病大养"甚至"无病装病"，大多会在规章制度中规定病假的申请和审批程序，而对于病情种类、诊断证明、休假地点等通常不会作出具体规定。那么，当劳动者出现规章制度中没有约定的违纪情形时，用人单位能否据此解除劳动关系呢？

一、案例简介 [①]

（一）基本案情

丁某于 2013 年 1 月 28 日入职某科技公司，后非因劳动者的原因用人单位主体变更为某某科技公司。2013 年 4 月 1 日，公司与丁某签订劳动合同，合同中并未约定试用期。2013 年 4 月 18 日，丁某到北京按摩医院就诊，北京按摩医院诊断及建议为：颈椎病，建议休两周。同年 4 月 19 日，丁某通过电子邮件向公司请病假两周，公司予以批准。2013 年 5 月 16 日，公司向丁某送达了

[①] 详可参见北京市高级人民法院（2017）京民再 65 号民事判决书。

解除劳动合同通知，主要内容为：你提出两周病假全休申请后当日即赴巴西出境旅游，属提供虚假申请信息并恶意欺骗公司，上述行为严重违反公司规章制度，公司决定立即解除你的劳动合同，劳动合同解除日期为2013年5月16日。丁某表示，公司一直要求其承认是去巴西旅游，其从来没有否认出国休养的事实，只是不认可是出国旅游。公司未向法院举证证明其规章制度中有对员工病休期间休假地点的限制性规定。丁某以要求撤销公司对其作出的解除劳动合同决定、继续履行劳动合同为由向北京市海淀区劳动人事争议仲裁委员会提出申诉。仲裁委员会裁决解除劳动合同不成立，双方继续履行。公司不服仲裁裁决，提起诉讼。

（二）案件结果

1.一审判决

一审法院经审理判决，撤销公司于2013年5月16日对丁某作出的解除劳动合同决定，双方继续履行劳动合同。

2.终审判决

二审法院经审理认为，本案中，公司的规章制度中并没有对员工休病假期间的休假地点作出限制性规定，同时法律也对此无限制性规定，这意味着丁某在休病假期间前往巴西这一行为本身并没有规章制度及法律上的约束。故，公司以丁某严重违反企业规章制度为由决定与丁某解除劳动合同，缺乏法律依据，遂判决驳回上诉，维持原判。

二审法院判决生效后，公司向北京市高级人民法院申请再审。再审法院经审理认为，用人单位的规章制度虽然未对劳动者休假地点作出限定，但是劳动者休假期间的行为应当与其请假事由相符。按照一般生活常识判断，公司有理由质疑丁某请病假的目的并非休养或治疗，丁某在公司向其了解情况时拒绝提供真实信息，违背诚信原则和企业规章制度，对用人单位的工作秩序和经营管理造成恶劣影响，故公司以丁某严重违反企业规章制度为由决定与其解除劳动合同合法有效。遂判决确认公司与丁某之间的劳动合同于2013年5月16日解除。

二、以案说法

本案的争议焦点看似是公司作出的解除劳动合同决定是否合法，可是更深层次的焦点问题是员工请病假的原因是否真实。

在本案中，员工用于请病假的诊断证明确为正规医疗机构所出具，所以员工申请病假从形式上看是真实的。而法律没有对于休病假的地点给予任何规定，所以员工在休病假期间出国似乎并无不妥。这大概也是在本案仲裁阶段、一审阶段和二审阶段员工都胜诉的主要原因。

不过在本案中，公司始终坚持的也恰恰是其对于员工休病假地点的质疑。首先，员工的休病假原因为颈椎病，而颈椎病只是一种常见的慢性病，通常并没有需要至国外疗养或者治疗的紧迫性，所以员工在请病假后立即出国可能与治疗或者疗养等治疗活动无关。其次，需要注意的是，巴西大概是地球上距离中国最远的国家之一，航班从北京出发飞到巴西大概需要将近一整天的时间，这样长时间地限制在航班狭窄的座位上对于颈椎是不利的，况且巴西在治疗颈椎病上也并没有任何独到的治疗方法或者优势。所以，员工至巴西对于颈椎病的治疗或康复不但没有明显的益处，甚至还有可能导致病情恶化。最后，出国通常需要提前办理签证等手续，而员工在至医院就诊取得休病假的诊断意见后便立即出国，说明员工在就诊前便已做好了出国的准备，这进一步说明出国的安排与休病假无关。由于存在以上不合理之处，所以公司认为员工出国的目的与休病假无关，员工去巴西的目的实际是旅游。

平心而论，公司对于员工休病假的质疑也具有一定的合理性。当然，并不是只要请假存在疑点公司便可以随意辞退员工，员工可以对公司的质疑给予合理解释，比如就其至巴西疗养的必要性进行说明、提供与疗养或者治疗相关的行程安排等材料加以说明。但在本案中，员工对于公司的质疑不但未给予合理解释，还采取不配合的方式阻碍公司了解实际情况，对公司的正常管理造成了负面影响。所以，北京市高级人民法院在再审阶段变更了此前一审和二审法院的审理结果，改判公司解除劳动合同的决定符合法律规定。考虑到本案系再审改判，所以该案件的审理结果对于诚实信用原则在劳动争议案件中的运用具有极强的指导意义。

三、专家建议

诚实信用是现代民法的"最高指导原则"，也是维系社会和谐稳定的"压舱石"。法律在保护当事人合法权利的同时，也要求各方当事人遵守法律规定、恪守诚信。对于劳动者，应当依法履职、遵守职业道德和职业操守；对于用人单位，应当合法用工、保护并尊重劳动者的各项合法权益。对于病假等考勤休假，各方都应当端正心态，在合法的基础上注意对合理性的把握，不要让正常休假管理变作给对方"穿小鞋""挂眼药"的手段。这样即便可以占得一时的便宜，却有可能承担更加沉重的法律责任，最终可能"搬起石头砸自己的脚"。

四、关联法条

《中华人民共和国劳动合同法》第 39 条；
《中华人民共和国民法典》第 7 条。

医疗期内用人单位可以终止劳动合同吗

我国劳动法对于患病的劳动者有特殊的保护，即所谓的医疗期。对于在医疗期内的劳动者，用人单位不能对其进行无过失性辞退或经济性裁员，劳动合同期满的亦应予以顺延，以此来确保劳动者在患病的一定期限内可以无负担地接受治疗。但超出医疗期后，用人单位便可以根据法律规定对劳动关系进行适当的管理。法律对于医疗期的规定，既对患病职工的权利进行了保护，也对该保护期限进行了限制，尽可能地实现劳资双方利益的平衡。

一、案情简介 [①]

（一）基本案情

鲁某与某物业公司签订了自 2014 年 5 月 19 日起至 2017 年 5 月 31 日止的劳动合同，职务为总部高级品质管理主任。2016 年 8 月 22 日，鲁某因患恶性肿瘤入院接受手术治疗，连续休病假至 2017 年 2 月 4 日。2017 年 2 月 6 日（周一），鲁某回物业公司上班。2017 年 5 月 16 日，鲁某请假赴医院就诊，医院向其连续开具病情证明单至 8 月 2 日。鲁某主张于当日病况告知公司，并在公司智能移动办公平台申请休病假，但负责人以人手紧缺为由，要求其克服困难，坚持上班，并承诺会继续任用。鲁某为获得继续

---

① 详可参见上海高院发布的 2016—2018 年上海市劳动争议典型案例之三：某物业公司诉鲁某劳动合同纠纷案——医疗期内不得随意终止劳动合同。

任用的机会，遂坚持上班，未递交病假单，但时常以年休假请假。物业公司不认可鲁某申请病假的事实，但表示智能移动办公平台的数据已被工作人员删除。

2017年5月31日，物业公司向鲁某出具不续签通知书，告知双方签订的劳动合同于2017年5月31日到期终止。鲁某当即提出其正处于医疗期，劳动合同期限应当顺延至医疗期满，公司对此不予认可。之后，鲁某申请劳动仲裁，要求恢复劳动关系，并按离职前月收入12400元的标准支付相应期间病假工资。仲裁委裁决：对鲁某的仲裁请求不予支持。鲁某不服，向法院提起诉讼。

（二）案件结果

1. 一审判决

一审法院经审理后认为，鲁某尚在医疗期，物业公司与其终止劳动合同违反法律规定，判决恢复劳动关系至鲁某医疗期满。在此期间，物业公司应当按照鲁某原工资标准向其支付工资。

一审法院认为，依照法律规定，劳动者患病，在规定的医疗期内，用人单位不得解除劳动合同。如若劳动者在医疗期内，逢劳动合同届满，此时，该劳动合同应当顺延至该法定情形消失或法定期限届满时止。劳动者患病享有医疗期，是法律赋予的权利。

鲁某在劳动合同履行期间，身患恶疾，物业公司对此是知晓明了的。尽管鲁某在病休6个月后又重回工作岗位，但就目前的医疗手段而言，治疗恶性肿瘤并非一蹴而就的事情。即便鲁某没有申请病假，作为企业的领导者，对鲁某应该给予更多的关怀，这也是企业文化的体现。尤其在双方的劳动合同即将届满之时，物业公司更应对鲁某付出更多的眷注，而不是选择在下班前一小时向原告提出终止合同。况且，当物业公司提出终止合同的时候，鲁某即刻向物业公司提出了自己"尚在医疗期"的情形，而物业公司依然坚持与鲁某终止合同，此举显然过于草率。

2. 终审判决

二审法院经审理后认为，公司终止劳动合同违法，应恢复劳动关系至医疗期届满。关于病假工资的计算，应当按照本市相关规定，不高于本市上年度月平均工资标准，遂依职权改判为物业公司应按照本市上年度月平均工资标准支付鲁某工资至医疗期结束。

鲁某因患恶性肿瘤需要住院接受手术治疗，虽在病休一段时间后回公司上班，但其仍需继续接受治疗。物业公司以鲁某未请病假为由不认可鲁某处于医疗期，却拒不提交由其保存的、载有鲁某请假情况的考勤系统信息，故其主张难以成立。鲁某再次请病假有医疗机构出具的病情证明单且未超出法律规定的医疗期，即便其未申请过病假，也不影响其处于医疗期的事实。况且鲁某这种抱病坚持工作的精神本就难能可贵，理应得到公司更多的褒奖与关怀。物业公司违反法律规定，与处于医疗期内的鲁某单方终止劳动合同，损害了鲁某的合法权益，应恢复劳动关系至医疗期届满。关于病假工资的计算，根据本市相关规定，职工疾病或非因工负伤待遇高于本市上年度月平均工资的，用人单位可按本市上年度月平均工资计发。鲁某主张按离职前月收入12400元的标准计算病假工资，但该标准高于本市上年度月平均工资标准，法院遂依职权判定物业公司与鲁某恢复劳动关系，并按上年度月平均工资标准支付鲁某相应期间的病假工资。

二、以案说法

本案的争议焦点在于：物业公司解除劳动合同时，鲁某是否处于医疗期；是否有权终止劳动合同。

（一）什么是医疗期

根据《企业职工患病或非因工负伤医疗期规定》，医疗期是指企业职工因患病或非因工负伤停止工作治病休息不得解除劳动合同的时限。

根据职工实际参加工作年限和在本单位工作年限的不同，医疗期分为 3 个月到 24 个月不等。对某些患特殊疾病（如癌症、精神病、瘫痪等）的职工，在 24 个月内尚不能痊愈的，经企业和劳动主管部门批准，可以适当延长医疗期。

本案中，鲁某因患有恶性肿瘤，依法可以适用 24 个月的医疗期。然而双方争议的焦点在于，鲁某虽然有权享有医疗期，但在用人单位终止劳动合同时鲁某处于正常工作状态，并未处于病假中。对此，鲁某主张自己在复查后在公司智能移动办公平台申请了病假，但因负责人要求坚持上班，故而带病坚持工作，物业公司虽然不予认可，但却在法院要求其向平台调取相应记录后，答复数据已被工作人员删除，应承担不利后果。且鲁某在物业公司 5 月 31 日临近下班一小时前通知其终止劳动合同时，再次明确提出了"其在医疗期"，医疗期为 24 个月，单位不能终止劳动合同，因此，应当认定鲁某处于医疗期的事实。

（二）医疗期保护

医疗期的员工依法享有病假工资保护、解雇保护、终止劳动合同时的医疗补助费等权利。其中，病假工资各地规定有所不同，应根据所在地方的政策和公司规章制度予以确定。解雇保护指用人单位不得依据过失性辞退、经济性裁员等情形辞退医疗期员工；医疗期员工劳动合同到期的应当顺延至医疗期满终止；医疗期满经劳动能力鉴定为一至四级的，应当退出工作岗位，办理退休、退职手续，享受退休、退职待遇。

本案中，物业公司径行通知鲁某终止劳动合同，即违反了劳动合同到期应当顺延至医疗期满的规则。

需特别注意的是，法院在审理医疗期等特殊员工案件时，还会审查单位是否给予医疗期员工特别关注和包容的情节。本案一审法院在判决书中载明，"原告在劳动合同履行期间，身患恶疾，被告对此是知晓明了的。尽管原告在病休6个月后又重回工作岗位，但就目前的医疗手段而言，治疗恶性肿瘤，并非一蹴而就的事情。即便原告没有申请病假，作为企业的领导者，对原告应该给予更多的关怀，这也是企业文化的体现。尤其在双方的劳动合同即将届满之时，被告更应对原告付出更多的眷注，而不是选择在下班前一小时向原告提出终止合同。况且，当被告提出终止合同的时候，原告即刻向被告提出了自己'尚在医疗期'的情形，而被告依然坚持与原告终止合同，此举显然过于草率"。上海市高级人民法院在发布此典型案例时也再次表明，"鲁某这种抱病坚持工作的精神本就难能可贵，理应得到公司更多的褒奖与关怀。物业公司违反法律规定，与处于医疗期内的鲁某单方终止劳动合同，损害了鲁某的合法权益，应恢复劳动关系至医疗期届满"。

三、专家建议

通过本案，我们了解了医疗期的相关知识，且可以感受到法院判决的温度。对于用人单位简单粗暴处理劳动关系的方式，如果不具备合理性，也将难以得到司法审判的支持。在此也提示和呼吁用人单位，在劳资关系的处理中，也需要多一些温度，尤其是对于医疗期职工、"三期"女职工、工伤职工等需要给予特别保护的人员，应当给予更多关怀和包容。

四、相关法条

《中华人民共和国劳动合同法》第 42 条。

从事职业病危害作业的劳动者未安排
离岗前健康检查合法吗

劳动者若从事接触尘、放射性物质和其他有毒、有害因素的工作，身体很大可能会受到这些不利因素的影响。劳动法对于接触危险因素、从事职业病危害作业的劳动者也有特殊保护，比如订立劳动合同时应当向劳动者告知工作中可能产生的职业病危害及其后果、职业病防护措施和待遇；对于从事解除职业病危害作业的劳动者，要进行上岗前、在岗期间和离岗时的职业健康检查，并将检查结果书面告知劳动者；应当根据职业健康检查的结果妥善安排员工岗位，必要时应当调离原工作岗位，对未进行离岗前职业健康检查的劳动者不得解除或终止与其订立的劳动合同等。

一、案情简介①

（一）基本案情

2010 年 9 月 26 日，李某入职某服饰公司，担任胶印部门负责人，双方签订的最后一份劳动合同的期限从 2013 年 11 月 26 日起至 2018 年 11 月 25 日止。在职期间，服饰公司每年安排李某进行职业健康检查。经查，李某职业健康检查表中显示，"接害工龄 5

---

① 详可参见上海高院发布的 2016—2018 年上海市劳动争议典型案例之二：某服饰公司诉李某劳动合同纠纷案——用人单位未安排从事职业病危害作业的劳动者进行离岗前健康检查系违法。

年，毒害种类和名称：苯、甲苯、二甲苯类"。2016 年 7 月 18 日，公司就裁员事宜召开会议征询工会代表的意见。同年 8 月 18 日，公司将裁减人员方案向当地人力资源和社会保障局报告，该局同日出具了回执。2016 年 12 月 8 日，服饰公司以经济性裁员为由与李某解除劳动合同，支付经济补偿金。

李某认为自己是从事职业病危害作业的人员，单位未对其进行离岗前职业病健康体检，遂以服饰公司违法解除劳动合同为由申请劳动仲裁，要求服饰公司支付违法解除劳动合同赔偿金差额等。仲裁委裁决服饰公司应支付李某违法解除劳动合同赔偿金差额 6 万余元。服饰公司不服仲裁裁决，向法院提起诉讼。

（二）案件结果

法院经审理认为，李某所在的车间为胶印部门，属于接触有毒有害物质的岗位。虽然李某系部门主管，但其履行职责时确需进入车间，且服饰公司亦每年安排李某进行职业健康检查，故李某应属于从事接触职业病危害作业的劳动者。《中华人民共和国职业病防治法》（以下简称《职业病防治法》）规定，对未进行离岗前职业健康检查的劳动者不得解除或者终止与其订立的劳动合同。《中华人民共和国劳动合同法》也规定，对从事接触职业病危害作业的劳动者未进行离岗前职业健康检查的，用人单位不得依照该法第 40 条、第 41 条的规定解除劳动合同，而第 41 条即是对用人单位经济性裁员的规定。由此可见，用人单位安排从事接触职业病危害作业的劳动者进行离岗前职业健康检查是其法定义务，该项义务并不因用人单位进行经济性裁员而予以免除。服饰公司在未安排李某进行职业健康检查的情况下，便以经济性裁员为由解除了双方的劳动合同，其解除行为违法，应当向李某支付违法解除劳动合同赔偿金。

二、以案说法

本案中，公司主张李某作为胶印部门主管，属于管理岗位，不属于接触职业病危害作业的劳动者。因此，双方的争议焦点有两个：（1）李某是否属于接触职业病危害作业的劳动者；（2）服饰公司未对李某进行离岗前职业健康体检，以经济性裁员为由解除劳动合同的行为是否合法。

（一）什么是职业病

相信大家在生活中一定听说过尘肺病，这是我国最常见的一种职业病，根据《2021年我国卫生健康事业发展统计公报》等数据显示，职业性尘肺病占比达77%。这类疾病便是由"粉尘"这一职业病危害因素引发的职业病。根据我国《职业病危害因素分类目录》，职业病危害因素共计分为六大类，分别是：粉尘、化学因素（铅、汞、镉、苯）、物理因素（噪声、高温、低温等）、放射性因素（电离辐射、X射线装置等）、生物因素（艾滋病病毒等）、其他因素（金属烟、井下不良作业条件等）。而职业病，便是用人单位的劳动者在职业活动中，因接触粉尘、放射性物质和其他有毒、有害因素而引起的疾病。在各类制造业、化工企业中，常常存在着职业病危害因素。

本案中，李某所在胶印车间接触到的苯、甲苯、二甲苯，便属于职业病危害因素中的化学因素。虽然服饰公司主张李某属于管理人员，不同于一线工作人员，不接触职业病危害因素，但其公司未能提交证据证明李某的办公室独立于车间，实际并不接触有毒有害物质。且李某作为车间主任履职时的确需要进入车间，在法院依职权调取的2016年2月职业健康检查表中载明，李某接害工龄5年、毒害种类和名称：苯、甲苯、二甲苯。因此，李某应当属于从事接触职业病危害作业的劳动者。

（二）职业病防治

了解了职业病危害因素，那么，用人单位应当采取什么措施应对呢？员工又应当享有哪些保护呢？根据我国《职业病防治法》，职业病防治工作坚持预防为主、防治结合的方针。主要包括：

1. 前期预防

用人单位的工作场所应当符合职业卫生要求，遵守职业病危害项目申报、职业病危害预评价等要求，严格遵守国家职业卫生标准，落实职业病预防措施，从源头上控制和消除职业病危害。

2. 告知义务

用人单位与劳动者订立劳动合同（含聘用合同，下同）时，应当制作职业病危害告知书，将工作过程中可能产生的职业病危害及其后果、职业病防护措施和待遇等如实告知劳动者。否则，可能面临卫生行政部门责令改正、警告甚至罚款的处罚。实操中，我们就曾遇到过单位没有向员工发放职业病危害告知书，被有关部门责令改正的情况。

3. 定期检查义务

对从事接触职业病危害的作业的劳动者，用人单位应当组织上岗前、在岗期间和离岗时的职业健康检查，并将检查结果书面告知劳动者。职业健康检查费用由用人单位承担。

用人单位不得安排未经上岗前职业健康检查的劳动者从事接触职业病危害的作业；不得安排有职业禁忌的劳动者从事其所禁忌的作业；对在职业健康检查中发现有与所从事的职业相关的健康损害的劳动者，应当调离原工作岗位，并妥善安置；对未进行离岗前职业健康检查的劳动者不得解除或者终止与其订立的劳动合同。

4. 解雇保护

对于从事接触职业病危害作业的劳动者，未进行离岗前健康检查，或疑似职业病病人在诊断或者医学观察期间的，不得无过失性辞退或裁员，在此期间不得终止劳动合同。对于患职业病的员工，不得无过失性辞退或裁员、终止合同。

5. 工伤保护

职业病属于工伤，如果经鉴定构成职业病的，用人单位应当为员工依法申报工伤，并确保员工享受相应工伤保险待遇。

本案中服饰公司直接以经济性裁员为由解除李某的劳动合同，即违反了上述解雇保护的规定，法院最终判决构成违法解除，支付赔偿金。

三、专家建议

从事接触职业病危害作业的劳动者依法享有特殊保护，用人单位应当建立完善的职业病防治制度，并切实履行单位职业病防治义务。在处理该类员工的各项事宜过程中，用人单位更应本着审慎的态度，充分考虑并保护员工的权益。相信随着我国社会保障制度的不断完善，在用人单位的共同努力下，职工的职业健康一定会得到更好的维护。

四、相关法条

《中华人民共和国劳动合同法》第 40 条、第 41 条、第 42 条。

劳动者提出辞职后还可以撤销吗

在工作中，不少劳动者会因工作压力、薪资待遇、同事交往、家庭生活、发展机会等提出离职。而在劳动关系中，法律也赋予了劳动者单方预告解除劳动合同的权利，相较于用人单位单方解除劳动合同的限制性规定，劳动者单方解除劳动合同的权利则相对自由。但需要提醒劳动者注意的是，面对辞职应当理性判断职业风险，向用人单位提出辞职后又反悔的"任性辞职"不可行！

一、案例简介①

（一）基本案情

曾某于2015年1月12日开始到某电子商务公司工作，并签订劳动合同，约定：公司为甲方，曾某为乙方，合同期限从2015年1月12日起至2018年3月31日止（其中，试用期为从2015年1月12日起至2015年3月11日止）。合同到期后，双方续签了劳动合同，合同期限为从2018年4月1日起至2021年3月31日止。2019年6月26日，曾某填写了公司制作的离职申请表。2019年6月27日，公司有关部门负责人在审批栏签署同意。之后，曾某欲撤销离职申请。2019年7月10日，公司回复称离职无法更改。2019年7月17日，曾某向市劳动人事争议仲裁委员会申

---

① 详可参见四川省成都市中级人民法院（2020）川01民终9912号民事判决书。

请仲裁。仲裁委作出裁决,驳回曾某的仲裁请求。曾某不服裁决提起诉讼。

(二)案件结果

1. 一审判决

一审法院经审理认为,曾某在作出解除劳动合同的意思表示后7日(2019年7月2日)向公司作出撤销该意思表示的行为,并要求继续履行合同。曾某最初作出的解除劳动合同的意思表示并不能发生曾某单方解除劳动合同的法律后果,遂判决确认公司与曾某解除劳动合同的行为违法。

2. 终审判决

二审法院经审理认为,一审判决将劳动者单方解除权和协商解除中的要约承诺混淆,属于适用法律错误。《中华人民共和国劳动合同法》(以下简称《劳动合同法》)第37条规定的劳动者提前30日或3日单方预告解除的方式,无须用人单位作出是否同意的意思表示,劳动者的这种解除权属于形成权,解除的意思一经到达对方即发生法律效力。曾某于2019年6月26日单方作出预告解除的意思后,解除意思已于6月27日到达公司。2019年7月2日,曾某最早发出撤回或撤销离职申请的意思,已经超过撤回解除意思表示的时间,不发生撤回的后果,也不得对单方意思表示进行撤销。遂判决撤销一审判决。

二、以案说法

民事权利可以分为支配权、请求权、形成权和抗辩权。其中,形成权是指依权利人单方意思表示即可使现存法律关系发生变动(发生、变更和消灭)的权利。从该定义来看,单方解除劳动合同即属于形成权,无论该解除行为是否合法,但其自通知至对方后便可以产生解除劳动合同的效果（具体解除时间基于法律规定会有所差异）。例如，对于劳动者因为个人原因辞职，根据《劳动合同法》第37条规定，只要劳动者提前30天通知用人单位即可。需要特别注意的是，这里的30天是提前通知的时间，而非劳动者征求用人单位的时间。实际上，该辞职决定在通知到用人单位后即发生30天后解除劳动合同的效力，无须征得用人单位同意。由此可见，劳动者辞职的权利确实是属于形成权。即便劳动者在作出辞职决定后发生一些生活上的变故，例如怀孕、患病等事项，一般认为这些均不会影响其之前作出解除劳动合同的效力，劳动者并不能因此而反悔。

三、专家建议

辞职是劳动者的法定权利。与用人单位单方解除劳动合同的情形受到较多限制不同，为了保护劳动者自由择业权利，《劳动合同法》对于劳动者单方解除劳动合同的情形给予了充分尊重，只要提前通知用人单位，劳动者就可以单方解除劳动合同。即便双方就服务期限给予了约定，如果劳动者想走，也只要承担对应的违约责任即可，用人单位从法律上并没有能够限制劳动者离职的手段。但正可谓"开弓没有回头箭"，辞职对自己和家庭都会产生较大的影响，劳动者自己也必须审慎行使自己的权利。

四、关联法条

《中华人民共和国劳动合同法》第37条。

劳动者受到行政拘留，用人单位能直接解除劳动合同吗

良好的企业形象体现了企业的软实力，有利于提高企业的竞争力。而在互联网时代，员工的不良行为往往会产生连锁反应，扩散影响到其所在的整个工作单位。为此，用人单位通常会在规章制度中对劳动者个人不良行为作出相应惩罚性规定，以防止劳动者的个人行为对单位造成负面影响。根据《中华人民共和国劳动合同法》（以下简称《劳动合同法》）的相关规定，劳动者被依法追究刑事责任时，用人单位可以解除劳动合同。那么对于劳动者违反社会公共秩序被采取行政处罚的，用人单位有权解除劳动合同吗？

一、案例简介①

（一）基本案情

2019年7月16日，北京某林场与郭某签订固定期限劳动合同，于2019年7月16日生效，2024年7月15日终止，工作岗位为林业管护。2019年7月16日，郭某在所在林场工作管理制度的"员工阅读后回执"页签字，上载"本人已阅读并已充分理解规章制度内容，并同意遵守本制度和其他规章制度及政策的规定"。其

---

① 详可参见北京市第一中级人民法院（2021）京01民终2229号民事判决书。

中，林场工作管理制度第 13 条为"受到第三方处罚，行政拘留，酒后判刑，视情节严重程度，予以处分直到解除劳动合同"。2020年 6 月 10 日，郭某因与女朋友魏某打架，酒后对民警进行辱骂，并用手推民警胸口，阻碍民警执行职务，受到北京市公安局延庆分局行政拘留 5 日的处罚。2020 年 6 月 12 日，林场以郭某违反"林场工作管理制度"第 13 条为由，向郭某作出解除劳动合同通知书。2020 年 7 月 10 日，郭某向延庆区仲裁委提起仲裁，要求继续履行劳动合同。仲裁未予支持，郭某不服遂起诉至法院。

（二）案件结果

1. 一审判决

一审法院认为，郭某知悉林场的规章制度，亦未在工作过程中提出过该规章制度不适当。林场以严重违反规章制度为由解除与郭某的劳动关系，且已向郭某送达解除劳动合同通知书，仲裁委据此以解除行为并无不当为由裁决驳回郭某的请求，合法有据。遂判决驳回郭某的诉讼请求。

2. 终审判决

二审法院认为，郭某严重违反林场的规章制度，林场解除与郭某的劳动关系，符合《劳动合同法》第 39 条规定，一审判决认定事实清楚，适用法律正确，遂判决驳回上诉，维持原判。本判决为终审判决。

二、以案说法

本案的争议焦点为：郭某因私人原因受到行政拘留处罚，用人单位以此为由解除劳动合同是否符合法律规定。

根据《劳动合同法》第 39 条规定，劳动者被依法追究刑事责任的，用人单位可以单方解除劳动合同且无须支付经济补偿。而对于受到行政拘留处罚的劳动者，用人单位能否单方解除劳动合同，法律没有明确规定。对此，实践中存在两种观点：

一种观点认为：法律明确规定只有被追究刑事责任的劳动者，用人单位才能单方解除，行政拘留属于行政处罚并非刑事责任，两者性质并不相同。行政拘留相较于刑事责任而言程度更轻，那么举重以明轻，员工受到行政拘留处罚的，单位不能径行解除，否则将有可能构成违法解除。

另一种观点认为：法律虽然规定被追究刑事责任的劳动者，用人单位有权解除劳动合同，但是法律并不禁止用人单位自行在规章制度中对严重违纪的情形进行规定。如果单位规章制度明确规定了员工的违法违纪行为构成严重违纪或者员工受到行政拘留处罚单位可以解除劳动合同，而且该制度也已经依法经过民主和公示程序的，那么单位也可以此为由单方解除劳动合同。

本案即采取了第二种观点，郭某因个人原因对民警进行辱骂，并用手推民警胸口，阻碍民警执行职务受到行政拘留处罚，而单位规章制度明确规定，受到行政拘留处罚的，单位可以予以解除劳动合同。所以，单位根据规章制度规定解除劳动合同，最终获得了仲裁和法院的一致认可。

在司法实践中，第二种观点被采纳的情况越来越多，因为法律法规并未禁止用人单位就劳动者工作时间以外的行为通过规章制度加以约束，尤其是在劳动者的行为不当会导致社会对用人单位产生负面评价时，其有权通过规章制度对劳动者行为加以约束。而且用人单位要求劳动者在日常生活中遵守法律法规，符合法治社会建设要求，一般司法和行政机关都倾向于对此予以提倡。

需要注意的是，根据《劳动合同法》第4条规定，用人单位在制定与劳动者切身利益相关的规章制度时，应依法履行民主程序，经职工代表大会或者全体职工讨论，提出方案和意见，与工会或者职工代表平等协商确定。因此，用人单位的规章制度在制定时候应履行民主协商程序，并且制定完成后需要依法告知员工本人，这样此制度才能作为案件审理的依据。

三、专家建议

遵纪守法是每一位公民的法定义务。作为劳动者，在日常生活中应该遵守法律规定，不要抱有侥幸心理。否则，一旦出现违法违纪行为不仅可能被单位解除劳动合同、受到行政处罚，构成犯罪的还需承担刑事责任。对于用人单位而言，法律虽然并不禁止通过规章制度对员工个人行为予以规范，但是该类规定应该具有合理性，并且需要依法履行民主和公示程序，这样发生争议时该制度才能作为仲裁和司法机关审理案件的依据。

四、关联法条

《中华人民共和国劳动法》第 25 条；

《中华人民共和国劳动合同法》第 4 条、第 39 条、第 43 条。

未完成离职手续可以不办理档案转移和信息解绑手续吗

劳动者与用人单位解除劳动合同后，有些用人单位可能会因不满劳动者离职、劳动者违反服务期约定，或者因劳动者未办理交接手续，而采取拒绝出具离职证明、拒绝办理社保及档案转移手续、拒绝办理信息解绑手续等"手段"。而这些手续的办理都是用人单位应当在劳动者离职后依法予以协助的事项，如果用人单位一旦不遵守，会极大影响劳动者的后续就业、社会保险接续等问题，甚至给劳动者带来损失。实践中，也不乏因用人单位违反上述义务，劳动者通过法律途径依法维权，法院最终判决用人单位履行义务、赔偿损失的案例。

一、案情简介①

（一）基本案情

张某在 2012 年 7 月入职某医院，后担任副主任医师。2019 年 4 月 23 日，张某向医院递交辞职报告。医院于 2019 年 5 月 1 日向张某送达了关于办理辞职手续的通知，告知办理辞职手续的流程。张某未按照流程办理完毕辞职手续，于 2019 年 5 月 7 日起就未再继续上班。2019 年 6 月 4 日，医院以张某从 2019 年 5 月 7 日起旷

---

① 详可参见广东省梅州市中级人民法院（2020）粤 14 民终 734 号民事判决书。

工 28 天、严重违反规章制度为由给予其除名处分，解除双方劳动合同。合同解除后，医院未办理张某的医通卡转移手续，影响张某的继续教育。张某不服，向当地劳动人事争议仲裁委员会申请劳动仲裁，要求医院将其医通卡解除绑定，不影响其后续教育等。仲裁委裁决医院应于本裁决书生效之日起 15 日内为张某办理医通卡解除审核绑定手续，张某应按双方约定办理离职手续。张某不服仲裁裁决，以仲裁裁决其应按双方约定办理离职手续不当为由，诉至法院。

（二）案件结果

1. 一审判决

一审法院认为，合同解除后，医院应当履行后合同义务对绑定在医院处的张某的医通卡进行解绑手续。医通卡是医疗卫生行业的专业技术人员进行职业教育的依据，劳动者的工作单位发生变动时，原单位应办理医通卡解除绑定。仲裁裁决内容后半句，即张某"应按双方约定办理离职手续"对办理医通卡解除绑定手续限制了条件，超出仲裁申请范围。根据《中华人民共和国劳动合同法》（以下简称《劳动合同法》）第 50 条第 1 款"用人单位应当在解除或者终止劳动合同时出具解除或者终止劳动合同的证明，并在十五日内为劳动者办理档案和社会保险关系转移手续"之规定，判决医院应于判决生效之日起 5 日内解除张某的医通卡绑定。某医院不服，提起上诉。

2. 终审判决

二审法院认为，医通卡是医疗卫生行业的专业技术人员进行职业教育的依据，是医疗专业人员进行网上继续教育、提升职业技能的基础和条件，对医疗专业人员的职业生涯具有附属性，当医疗专业人员的工作单位发生变更时，如原单位不办理医通卡解除绑定，将影响其接受后续教育。在本案双方劳动合同解除后，医院应当履行后合同义务，对绑定在医院处的张某的医通卡办理解绑手续。一审判决医院应在判决生效之日起5日内给张某的医通卡解除绑定并无不当，予以维持。

二、以案说法

本案的争议焦点在于：用人单位是否可以因劳动者未按规章制度规定办理离职手续而不办理信息解绑手续。接下来，我们一起来看看用人单位在劳动合同解除后还应当负有哪些后合同义务、如果不履行这些义务又将面临哪些后果吧。

（一）用人单位的后合同义务

根据《劳动合同法》第50条第1款："用人单位应当在解除或者终止劳动合同时出具解除或者终止劳动合同的证明，并在十五日内为劳动者办理档案和社会保险关系转移手续。"可见，法律明确规定了用人单位在合同解除后15日内为劳动者办理档案和社会保险关系转移手续，且并未对该手续的办理附加任何条件。

实践中，除了档案和社会保险关系的转移手续，常见的还有执业关系的转移手续、户口的转移手续等。这些手续的办理，都与劳动者的切身利益息息相关，用人单位卡着不予办理，无疑将会给劳动者带来极大不便，甚至损失。

此外，实践中经常遇到用人单位以劳动者未办理工作交接为由不出具离职证明、不支付最后一个月工资、不办理档案、社保等关系的转移手续等，这种做法也是不符合法律规定的。关于劳动者的交接义务，《劳动合同法》第50条第2款规定，"劳动者应当按照双方约定，办理工作交接。用人单位依照本法有关规定应当向劳动者支付经济补偿的，在办结工作交接时支付"。即工作交接对应的是经济补偿金的支付，用人单位随意将其他事项与工作交接绑定在一起，都是不符合法律规定的。

（二）用人单位违反后合同义务的法律责任

根据《劳动合同法》第89条的规定，如果用人单位违反规定不出具离职证明等，劳动者可以向劳动行政部门投诉，要求劳动行政部门责令其改正、赔偿损失；也可以依法提起仲裁、诉讼等，请求仲裁、法院裁决用人单位履行义务、赔偿损失。

三、专家建议

依法出具离职证明、转移相关手续是用人单位的法定义务，不因劳动者是否办理离职手续、是否办理交接、是否有其他违约行为而转移，用人单位不得随意拒绝办理。同时，办理工作交接、遵守劳动合同约定也是劳动者的法定义务，劳动者也要遵守规定依法履责，避免因自身存在过失导致双方矛盾升级，最终损失自身权益。如果遇到单位恶意拒不配合，劳动者可以拿起法律武器，通过多种方式维护自身合法权益。

四、相关法条

《中华人民共和国劳动合同法》第50条、第89条；

《中华人民共和国民法典》第509条。

劳动者过失造成用人单位损失需要赔偿吗

在职场中，每一位劳动者都可能在工作中存在失误，如单位司机违章驾驶被处罚款、商场柜员未留神导致商品失窃、物流人员发错货、财务人员转错款……如果这一疏忽导致了用人单位实际的经济损失，那么就必须面对一个不容忽视的问题：是否需要为自己的过失买单？考虑到劳动者和用人单位的法律地位不同，如果让劳动者承担所有的损失，等于间接将用人单位的经营风险全部或大部分转移到劳动者身上，显然有失公平。那么，在职场责任的天平上，个人过失会如何被权衡？

一、案例简介①

（一）基本案情

龙某于 2013 年 2 月 16 日入职某核建公司，岗位为财务部高级经理，双方之间签订有期限至 2017 年 12 月 31 日的劳动合同。该合同约定，龙某如存在《中华人民共和国劳动合同法》（以下简称《劳动合同法》）第 39 条第 2、第 3 项规定情形，被核建公司解除合同，且给甲方造成损失的，应当承担赔偿责任。2014 年 2 月 27 日，龙某任核建公司财务部副主任职务。2016 年 1 月龙某应发工资总额 32680 元，2 月、3 月应发工资总额 27680 元，4 月应

---

① 详可参见北京市第二中级人民法院（2019）京 02 民终 10315 号民事判决书。

发工资总额 29251 元，5 月应发工资总额 26591 元，6 月应发工资总额 30680 元等。2016 年 7 月 18 日，龙某被拉入某微信群，以核建公司名义通过对公账户向他人转账 176 万元。当晚，龙某及核建公司以受到诈骗为由向公安机关报案，立案后尚未侦破。2016 年 7 月 21 日，龙某给核建公司相关领导发送邮件，内容为："因电信诈骗案件已给公司带来潜在经济损失，根据劳动部《工资支付暂行规定》的相关条款，案件侦破前按照公司的责任认定，同意从我本人工资收入中扣除部分损失。"2017 年 1 月 18 日，经核建公司召开会议一致决定：龙某负主要责任，由个人作出深刻检查，在公司进行通报批评；撤销其财务部副主任职务，调离财务岗位，降为高级主管，安排到计划经营部工作；扣发其 2016 年全年绩效奖金；自 2017 年起从其工资中按月扣除 20%，扣发 3 年，3 年期满根据个人表现再定。2017 年 4 月 7 日，龙某以克扣本人工资为由向核建公司邮寄送达解除劳动关系通知书。核建公司于 4 月 9 日签收了该通知。随后，核建公司申请劳动仲裁，后起诉至法院。

（二）案件结果

1. 一审判决

一审法院认为，劳动者在履行劳动合同过程中因重大过失给用人单位造成经济损失的，应予适当赔偿。龙某作为财务部副主任，实际负责财务部工作，应严守公司财务制度和操作流程，对公司财务工作尽到审慎注意的义务。微信记录显示李某所支付订金转账进入个人账户，而龙某审核付款也是转入个人账户，在转账金额大、收款人为不相识的第三人且为个人时，龙某应有戒备之心。在此情况之下，龙某未按照正常审批手续先后两笔将 176 万元转入诈骗犯账户，存在重大过失，应承担相应的赔偿责任。遂判决龙某赔偿某核建公司经济损失 290627 元。

2.终审判决

二审法院认为，2016 年 7 月 18 日发生核建公司转出 176 万元款项的事件，龙某在仅进行了简短微信对话的情况下，未按照正常财务制度流程操作，仓促指令办理资金转账。龙某未进行基本信息核实，未注意和防范联络中非正常工作现象，未按照正常财务制度流程操作，既未尽到一般的职业谨慎注意义务，更未尽到作为核建公司财务部副主任所应做到规范操作职务行为的职责，对核建公司大额资金转出后不知去向存在过失。故，一审根据事件的发生过程、损失后果及龙某在事件中的过错程度，对核建公司要求龙某赔偿损失的请求酌情予以支持，并无不当。遂判决驳回上诉，维持原判。本判决为终审判决。

二、以案说法

本案的争议焦点主要有两个：一是龙某造成核建公司损失是否需要承担赔偿责任；二是如果承担赔偿责任，赔偿范围如何确定。

（一）劳动者给用人单位造成损失是否需要赔偿

劳动者在工作过程中给单位造成损失是否需要承担赔偿责任，目前存在两种观点：

一种观点认为：根据《劳动合同法》第 90 条规定，劳动者在违反法律规定解除劳动合同或者违反劳动合同中约定的保密义务或者竞业限制，给用人单位造成损失的，应当承担赔偿责任。但是对于其他情形的赔偿责任并无明确规定，因此不应加重劳动者的负担，产生的损失属于企业经营风险，应该由企业承担。

另一种观点认为：根据《工资支付暂行规定》第 16 条规定，因劳动者本人原因给用人单位造成经济损失的，用人单位可按照劳动合同的约定要求其赔偿经济损失。经济损失的赔偿，可从劳动者本人的工资中扣除。而且若劳动者在工作过程中，因故意或过失导致单位的损失，完全不予承担赔偿责任明显有违公平原则。因此若双方约定需要承担赔偿责任且劳动者存在故意或过失的，用人单位可以据此向劳动者主张赔偿。

在目前的司法实践中，采取第二种观点的越来越多，甚至部分地区对此存在明确规定。如，《北京市劳动合同规定》第30条、第50条规定，劳动者严重违反劳动纪律或者用人单位规章制度或者严重失职、营私舞弊，对用人单位利益造成损失的，应当承担赔偿责任。

本案中，龙某遭受诈骗对外付款导致公司损失176万元，虽然实施欺诈行为的主体应为承担赔偿责任的主要责任人，但是在付款过程中，龙某作为公司财务部副主任未按公司规定的流程操作，未尽到该岗位所需的审慎义务导致公司的损失，其对公司大额资金转出后不知去向存在过失，因此法院最终判决龙某承担相应赔偿责任。

（二）赔偿范围如何确定

一般认为，劳动者因故意或重大过失导致用人单位产生重大损失的，即便仲裁和法院认定劳动者应承担赔偿责任，该赔偿金额也应限定在合理范围内。

劳动关系区别于一般的民事关系，劳动者隶属用人单位，不应承担企业的经营成本、分担企业的经营风险。企业作为商事主体，应自行承担经营过程中的商事风险。因劳动者原因导致用人单位产生损失，在确定劳动者赔偿责任时，法院和仲裁会结合权利义务相一致的原则参考以下因素：（1）劳动者本人过错程度，是否存在明显的主观恶意或重大过失；（2）劳动者的收入水平，一般赔偿金额会与其本人的收入水平相适应；（3）用人单位自身的过错程度，用人单位相关制度、流程是否完善，是否存在监管过失等；（4）损失的大小。

本案中，法院认为龙某虽有过错但并无主观恶意，故综合考虑龙某过错大小、损害后果等情况酌情确定为290627元。

三、专家建议

"人无完人，金无足赤"，职场中劳动者作为一个活生生的自然人难免犯错，用人单位应提前预见此类风险，建立完善规范的规章制度，尤其在财务制度上应尽量制定安全可靠的财务付款流程。同时，在日常人员管理中，用人单位应加强监管，组织员工技能培训；确保员工严格执行用人单位的各项制度，尤其是财务制度。同时，劳动者也应加强职业素养及职业技能提升，遵守职业纪律要求，若作为财务人员应严格遵守用人单位的财务制度，审慎处理财务相关工作，避免因自身疏忽给用人单位造成难以挽回的损失。

四、关联法条

《工资支付暂行规定》第16条；
《中华人民共和国劳动合同法》第39条、第90条；
《北京市劳动合同规定》第30条、第50条。

离职证明可以包含解除理由吗

离职证明是体现劳动者上一份工作情况的重要证明，关系到劳动者后续求职、办理失业保险等重要事项。《中华人民共和国劳动合同法》明确规定，用人单位应当在解除或者终止劳动合同时为劳动者出具离职证明。那么，离职证明的内容应当如何确定，单位可以径行添加解除原因、工作表现等对劳动者不利的描述吗？答案是否定的，离职证明上仅应记载法定事由，例如劳动合同的期限、解除或终止劳动合同的日期、工作岗位、在本单位的工作年限等客观内容，不应在离职证明中出现用人单位的主观评判。

一、案情简介[①]

（一）基本案情

2013年4月3日，某汽车公司与王某签订无固定期限劳动合同。2018年7月27日至8月10日王某休年假，8月13日开始王某休病假。汽车公司主张，王某在病假期间存在违规使用工作车辆等情形，公司于2018年12月18日，2019年1月11日、15日、18日多次通过电子邮件要求王某归还工作车辆，王某直到2019年2月18日才归还工作车辆。同日，汽车公司向王某发出解除劳动合同通知书，解除理由系"未按时归还公司车辆，不当使

---

① 详情可参见北京市第三中级人民法院（2020）京03民终13919号民事判决书。

用公司车辆等重大的不当行为，严重违反公司员工手册及公司的相关规章制度"，双方劳动关系于当日解除。汽车公司向王某出具离职证明，其中写明解除劳动合同的理由是王某严重违反公司的规章制度。王某提起劳动仲裁，请求汽车公司支付违法解除劳动合同赔偿金、重新出具离职证明等。仲裁经审理后认为，汽车公司解除违法，裁决汽车公司向王某支付违法解除赔偿金、重新出具解除劳动合同证明。

（二）案件结果

1. 一审判决

一审法院经审理后认为，汽车公司虽主张王某不当使用公司车辆构成严重违纪，但未能举证证明员工使用车辆时应当遵守的纪律规则、限制条件或违规使用车辆的判断标准，故对其主张不予支持。同时，汽车公司出具的离职证明与法院认定不符，应当重新向王某出具解除劳动合同的证明。

2. 终审判决

二审法院判决驳回上诉，维持原判。对于重新出具解除劳动合同证明，二审法院明确指出，解除劳动合同证明的内容应当限定于《劳动合同法实施条例》第24条规定的内容，即写明劳动合同的期限、解除或终止劳动合同的日期、工作岗位、在本单位的工作年限。

二、以案说法

本案的争议焦点在于：第一，汽车公司的解除是否合法；第二，离职证明是否可以包含离职原因，尤其是严重违纪辞退等对劳动者不利的内容。

（一）解除合法性

汽车公司主张王某病假期间违规不当使用车辆、经公司多次通知仍然逾期归还车辆。王某主张公司并未告知病假期间不可以使用车辆，在看到公司的电子邮件后就及时归还了车辆，不存在严重违纪。

法院经审理后认定王某不构成严重违纪，汽车公司解除违法，主要有以下几点原因：

1.汽车公司缺少关于使用车辆的相关规定

在前面的案例中，我们知道用人单位想要依据严重违纪解除劳动关系，至少需证明三要素：（1）规章制度关于严重违纪的规定；（2）规章制度具备民主程序和公示告知程序；（3）劳动者的违纪行为。其中，要素一即规章制度，就像一把"尺子"，是用人单位管理员工行为的重要工具，单位需要用"尺子"作为标准去测量劳动者行为的尺度是否符合公司要求。没有了"尺子"，就像没有工具，又如何测量劳动者的行为呢？

本案中，两级法院均明确提及，汽车公司未就员工租用公司车辆有使用时间、里程及违章记录、仅用于公务用途等有限制性要求提交证据，因此难以认定王某构成不当使用公司车辆。

2.汽车公司主张王某严重违纪缺乏合理性

关于经公司多次通知仍然逾期归还车辆一事，法院认为，公司虽通过电子邮件的形式多次催促王某归还车辆，但王某主张其在重病休假期间没有查看邮件存在合理性。且汽车公司急于要求王某归还车辆，却没有通过其他更为直接的方式联系王某，将责任全部归咎于王某，有违公平，因而不予支持。

3.汽车公司解除医疗期员工应更加审慎

本案还有一点特殊之处在于，公司主张的王某违规不当使用车辆、逾期归还车辆的时间，正是王某处于抑郁症的医疗期期间。法院认为，对于医疗期的员工，公司在作出解除行为时应当更加审慎，故而审判过程中可能对用人单位是够充分保障劳动者合法权益、是否考虑员工的特殊情况给予更多包容和关怀等进行考量。

（二）离职证明是否可以包含解除原因

结合本案实际情况，对于离职证明是否可以包含解除原因，可以分为以下两个层次：第一，用人单位违法解除的，在离职证明中注明严重违纪辞退，与法院认定的实际情况不符，当然是要禁止的；第二，用人单位合法解除的，在离职证明中是否可以注明呢？本案二审判决书中，法院提出了明确的观点，即用人单位出具解除劳动合同证明的内容应当仅限于《劳动合同法实施条例》第24条规定的内容，即劳动合同期限、解除或者终止劳动合同的日期、工作岗位、在本单位的工作年限。原因主要有二：第一，向劳动者出具解除证明是用人单位的义务，而非"权力"；第二，解除证明是为劳动者的利益而出具，其作用是呈现劳动者之前的供职信息，方便劳动者再就业，并供劳动者办理失业登记使用。用人单位在离职证明上增加解除原因，尤其是严重违纪辞退等内容，可能造成对劳动者再就业的阻碍，不符合法律规定，应当重新为劳动者出具符合法律规定的离职证明。

此外，需注意的是，如用人单位未向劳动者出具离职证明，或者拒绝向劳动者出具合法的离职证明，可能会被劳动行政部门责令改正。给劳动者造成损失的，还需承担赔偿损失等法律后果。

三、专家建议

本案的典型意义在于，法院从离职证明的立法本意出发，阐释了离职证明系劳动者的权利、用人单位的义务。实践中，用人单位向劳动者出具离职证明需要严格遵守法律法规的规定，不得随意添加对劳动者不利的内容；劳动者在收到用人单位的离职证明时，也要擦亮双眼认真检查，如果发现单位增加了"多余"内容，可以依法要求单位重新开具。

四、相关法条

《中华人民共和国劳动合同法实施条例》第 24 条。

第六章　服务期与竞业限制

入职培训能否约定服务期

在日常的用工管理实践中，企业为更好地保证入职的员工能顺利适应工作，通常会给新员工安排入职培训，从而尽快提升员工的工作能力。同时，基于企业安排的入职培训通常会有一定的经济性支出，一些企业会要求员工签署培训协议，约定参与培训的员工在培训结束后保证在本单位必须服务的期限，即员工在一定期限内不得离职。那么，在用人单位将入职培训作为约定服务期筹码的情况下，该约定的法律效力便首当其冲地成了首要问题。

一、案例简介①

（一）基本案情

2015 年 8 月 1 日，胡某入职烟台某银行。2015 年 8—9 月，银行组织胡某等新入职人员进行入职培训。该阶段培训使用的学员手册所载"本阶段培训目的在于：通过集中培训，使学员们能够全面了解认同企业文化、促进角色转换、了解银行管理制度和相关业务、掌握基本的工作技能，并进行职业化训练"。其间，银行（甲方）与胡某（乙方）签署专项培训协议书，内容载有"甲方对乙方的专项培训为：2015 年管理培训生计划；专项培训时间预计自 2015 年 8 月 1 日起至 2016 年 8 月 1 日止，具体时间以实

---

① 详可参见北京市第二中级人民法院（2018）京 02 民终 4682 号民事判决书。

际培训时间为准……乙方若违反本协议，在服务期内提出辞职或因乙方原因、过错导致甲方解除劳动关系的，乙方须向甲方支付违约金，该违约金的计算公式为：违约金数额 = （专项培训费用总额 / 服务期总月数 ）× 未履行服务期月数……"2015 年 10 月至 2016 年 6 月，银行安排胡某等新入职员工进行分行轮岗培训。该阶段培训手册载有"管培生进入分行轮岗是银行第二届管理培训生项目的第三阶段，在完成入职培训之后，统一分配到 13 个分行进行为期 10 个月的轮岗实习"。上述轮岗实习期间，银行按月发放了胡某工资，并负担了该培训项目的全部费用，包括培训期间的食宿。

2017 年 9 月 13 日，胡某因自行离职并应银行的要求，向银行转账支付违约金 72917 元。后，胡某认为银行无权要求其支付违约金，故要求银行返还收取其的违约金 72917 元。

（二）案件结果

1. 一审判决

一审法院认为，双方签订有专项培训协议书，其中对专项培训的名称、培训所需费用、服务期及违约金数额均作了明确约定。该协议是原、被告双方自愿签订，合法有效。胡某提交的管理培训生入职培训学员手册、分行轮岗阶段管培生个人手册等证据也能体现专项培训的相关内容，胡某主张银行所提供的培训不属于专项培训的意见不能成立。银行要求胡某支付的违约金费用未超过协议约定数额，故对于胡某要求银行返还违约金的诉讼请求，本院不予支持。

2. 终审判决

银行与胡某双方签订了专项培训协议书，并约定服务期及违约责任，但该协议书中所指的专项培训是银行针对所有新入职员工进行的基本职业培训，并非属于旨在提高和改善特定劳动者知识、技能、工作方法等进行的专业技术培训，故银行基于基本职业培训与员工在劳动合同之外约定服务期及违约责任，违反《中华人民共和国劳动合同法》（以下简称《劳动合同法》）关于用人单位与劳动者约定违约金的限制性规定，该银行主张依据该培训协议的约定而要求胡某承担违约责任及不同意向胡某返还所收违约金钱款的抗辩，本院不予支持。为此，最终判决银行返还已收取的违约金 72917 元。

二、以案说法

上述案例的核心争议焦点，即胡某是否接受了银行的专项培训。很明显，一审法院与二审法院的认定出现了不同。一审法院认为，胡某在入职时接受的培训属于专项培训，并且用人单位也基于此支付了培训费用。而二审法院则仔细审查了用人单位培训使用的学习手册，根据培训的目的、培训的具体内容以及培训人员等各方面综合进行分析，认为用人单位虽声称培训属于专项培训，但是本质实为针对包括胡某在内的一批新入职员工的集体培训，并非针对胡某等特定人员所进行的专业技术培训。从而可见二审的判决结果也更具有严谨性和合理性。

（一）正确理解专项培训的定义

根据《劳动合同法》第 22 条的规定，用人单位为劳动者提供专项培训费用，对其进行专业技术培训的，可以与该劳动者订立协议，约定服务期。为此不难看出，用人单位与劳动者约定服务期需满足两个"专"的前提，即第一是为劳动者提供专项培训服务费；第二是对劳动者进行专业技术培训，两者缺一不可。只有用人单位满足以上两个条件，才可以约定服务期。而像本案中银行提供的入职培训约定服务期的，无法律依据。

那么，如何理解法条中"专项培训费用"和"专业技术培训"呢？《中华人民共和国劳动合同法实施条例》第16条规定，《劳动合同法》第22条第2款规定的培训费用，包括用人单位为了对劳动者进行专业技术培训而支付的有凭证的培训费用、培训期间的差旅费用以及因培训产生的用于该劳动者的其他直接费用。至于何为"专业技术培训"，司法实践中一般是认为专业技术培训的培训内容不同于一般的上岗培训，以提高和改善劳动者的知识、技能、工作方法等为主要目的，往往专业性和通用性较强，且该项培训针对特定员工，并非全体员工。

我们认为，能否约定服务期的前提一定是用人单位提供了专业技术培训并支付了专项培训费用，并不是只要单位支付了相关培训费用，并开展相关培训，就可以约定服务期。案例中，银行以及一审法院对"专项培训费用"和"专业技术培训"的理解都存在一定偏差。诚如二审法院分析，专业技术培训区别于一般的入职培训或岗前培训，主要通过重点审查用人单位的培训目的、培训的具体内容等方面综合分析进行区分。一般认为，入职培训更着重于员工对企业的文化、岗位职责和一般基本工作技能的掌握，旨在让员工熟悉了解企业各个工作岗位的基本工作流程、工作环节和要点，从而让员工尽快适应工作岗位。

三、专家建议

关于服务期的约定，法律充分尊重双方的意思自治。因此，作为劳动者而言，对于签署的任何协议保持谨慎，尤其是入职时用人单位提供的文件都要仔细确认后再行签订，避免后续陷入不必要的争议。同时，若后期和用人单位就服务期发生争议，对已签署协议的有效性以及具体需要承担的法律责任再做一次梳理和核实，同时整理当时用人单位安排的具体培训内容（例如课程安排、授课课件、提交的学习日志等）的相关证据，以此尽可能维护自身的合法权益。

作为用人单位而言，也不应滥用法律赋予的权利，而应当秉持实事求是的原则依法与劳动者约定专项培训的服务期，以构建和谐稳定的劳动关系。

四、关联法条

《中华人民共和国劳动合同法》第22条；

《中华人民共和国劳动合同法实施条例》第16条。

能否以户口作为服务期的限定情形

众所周知，在我国，户口多与入学、医疗、失业、购房、养老等有着密切的关系，具有较高的经济价值属性，这一点在一线城市中表现得尤为突出。为此，一些用人单位从积极引进人才和公平性角度出发，可能会把为劳动者办理落户手续作为吸引人才的一项手段，同时双方签订服务期协议从而对劳动者的自由择业权进行限制，避免用人单位因劳动者中途离职而导致其权益受损。

《中华人民共和国劳动合同法》（以下简称《劳动合同法》）对于可以约定服务期的情形进行了明确规定，超出该规定范围的约定则属于无效约定。

一、案例简介①

（一）基本案情

魏某于2020年1月15日进入上海某保险公司工作。2020年9月8日，魏某（乙方）与公司（甲方）签订申办上海市常住户口服务协议，约定："乙方为甲方非上海市户籍员工……经甲、乙双方友好协商一致，达成协议并履行如下承诺：1.本协议签订生效后，甲方根据乙方申请，委派人力资源部相关人员协助乙方申办上海市常住户口……5.自上海市常住户口批复之日起，乙方须服

---

① 详可参见上海市浦东新区人民法院（2021）沪0115民初106398号民事判决书。

务于甲方（包括甲方分、子公司）不少于三年。在此服务期限内，有以下情形之一，乙方应当按照每提前一个月 2500 元的标准向甲方支付违约金（少于一个月的按照一个月计算）：（1）乙方提前单方解除劳动合同的……"

2020 年 10 月 12 日，上海市人力资源和社会保障局作出批复，载明："某保险公司：你单位《关于为留学回国人员魏某申请办理上海市常住户口的函》收悉。经审核，同意留学回国人员魏某办理上海常住户口。请按有关规定办理户口迁移手续。"

2021 年 6 月 18 日，魏某因个人原因向公司提出解除劳动合同。2021 年 6 月 30 日，魏某、公司签订解除劳动关系协议书，约定："甲、乙双方于 2020 年 1 月 15 日起签订劳动合同，本次劳动合同期限自 2020 年 1 月 15 日至 2023 年 1 月 14 日，现乙方提出解除劳动合同的要求，经双方协商一致，达成协议如下，以兹遵守：……三、根据法律规定或相关协议约定，甲方向乙方支付经济补偿金，乙方向甲方支付落户后未履行完毕服务期的违约金人民币柒万元整……"2021 年 7 月 2 日，魏某向公司转账支付 70000元。2021 年 9 月 27 日，魏某提起诉讼，其要求之一为：公司返还魏某已支付的 70000 元违约金。

（二）案件结果

一审法院认为，一则，上海户籍具有客观的隐性价值，魏某因公司为其办理了人才引进落户手续而获益。就上海户籍本身而言，并无直接关联的确定的经济利益。但众所周知，依据现行的各项政策，在上海市辖区范围内，劳动者是否具有上海户籍，在子女就学、购房资格等诸多方面与非上海户籍人员有所不同，魏某因公司为其办理人才引进落户手续后，取得上海户籍，并实际获得了前述隐性的利益。二则，为劳动者办理人才引进落户手续并非用人单位的劳动合同义务。由于魏某、公司签订申办上海市常住户口服务协议，公司基于对魏某办理人才引进落户手续后3年内不主动解除劳动关系承诺的信任，为魏某成功办理落户事宜，而公司为魏某办理人才引进落户手续必然产生额外成本。同时，魏某取得上海户籍后，罔顾其个人的真实承诺、单方解除与公司的劳动合同的失信行为，不可避免地对公司其他员工、公司新的用工安排乃至整个用工环境产生恶劣影响，理应赔偿公司相应的损失。综上，对魏某要求公司返还违约金70000元的诉讼请求，本院不予支持。

一审判决作出后，双方均未提起上诉。

二、以案说法

上述案例的核心争议焦点，即劳动者和用人单位之间能否以用人单位为劳动者办理的户口作为约定服务期的情形，以及劳动者违反服务期约定的，是否需要按照服务期协议中的约定支付违约金。

（一）户口是否属于专项培训

《劳动合同法》第22条规定："用人单位为劳动者提供专项培训费用，对其进行专业技术培训的，可以与该劳动者订立协议，约定服务期。劳动者违反服务期约定的，应当按照约定向用人单位支付违约金。违约金的数额不得超过用人单位提供的培训费用。用人单位要求劳动者支付的违约金不得超过服务期尚未履行部分所应分摊的培训费用。"

根据上述法律规定，用人单位可与劳动者约定服务期的情形为：用人单位为劳动者提供了专项培训费用，对其进行专业技术培训的。无论是基于法律规定还是基于合理性的判断，用人单位为劳动者提供户口的，较难被认定为专项培训。

（二）违规约定服务期的法律后果

基于上述分析，若严格按照《劳动合同法》第25条之规定不允许用人单位与劳动者约定关于取得户口的服务期及相应违约金，显然在劳动者无"条款"约束或限制的情况下，会造成员工以用人单位工作机会作为获取户口或指标的相应"跳板"的局面，明显有失公平。

基于此，上述情形较频繁发生的北京和上海地区颁布的相关文件对上述问题加以明确。例如，北京就明确规定，用人单位为其招用的劳动者办理本市户口，双方据此约定了服务期和违约金，用人单位以双方约定为依据要求劳动者支付违约金的，不应予以支持。确因劳动者违反了诚实信用原则，给用人单位造成损失的，劳动者应当予以赔偿。上海同样明文规定，用人单位给予劳动者价值较高的财物，如汽车、房屋或住房补贴等特殊待遇的，属于预付性质。劳动者未按照约定期限付出劳动的，属于不完全履行合同。根据合同履行的对等原则，对劳动者未履行的部分，用人单位可以拒绝给付；已经给付的，也可以要求相应返还。

根据笔者检索近年案例来看，劳动者违反办理落户而设定的服务期和违约金约定的，裁判机关往往认定约定的违约金条款无效。但同时，裁判机关也普遍认为劳动者未遵守约定，客观上确系违反了承诺，有违诚实信用原则，该行为不可避免地对公司管理等带来不良影响，给公司造成了损害，劳动者存在过错，应当承担赔偿责任。关于损失的数额，鉴于劳动者的行为给公司所造成的损害后果用人单位也难以举证，故裁判机关一般会参照双方的约定金额、承诺工作年限与实际工作年限、薪酬标准、过错程度等酌定劳动者需承担的赔偿数额，上述案例即是该种裁判逻辑。

三、专家建议

虽然《劳动合同法》对劳动合同中违约责任设置情形作了严格限制，但鉴于订立劳动合同应当遵循诚实信用的原则，司法实践中通常会适当平衡劳动者和用人单位双方利益而判令"违约"的劳动者向用人单位赔偿损失。因此，目前的法律对劳动者拿到户口或指标即辞职的行为仍给予负面评价。因此，笔者认为任何主体在从事法律行为中都应遵守诚实信用原则，履行约定的或法定的义务，避免陷入不必要的争议。

四、关联法条

《中华人民共和国劳动合同法》第 22 条、第 25 条。

劳动合同期满而服务期未满时的期限顺延

劳动者与用人单位签订了劳动合同，也签订了专项培训服务期协议，当劳动合同期满而服务期未满的，根据法律规定劳动合同应当续延至服务期满，劳动者拒绝延续劳动合同而终止劳动关系的，须承担支付违约金的法律责任。同时，法律规定劳动合同应当延续至服务期满，但若用人单位在延续的服务期内未与劳动者续签劳动合同，可能面临的法律风险也需要注意。

一、案例简介[①]

（一）基本案情

傅某与用人单位广州某公司签订的劳动合同期限至 2019 年 8 月 31 日届满，但公司在此后双方劳动关系存续的情况下并未与其续订新的书面劳动合同。同时，公司向傅某提供了叉车培训，双方在 2018 年 11 月 28 日签署培训协议约定了 2019 年 6 月至 2021 年 5 月的服务期，服务期满后傅某离职的则无须承担违约责任。

2020 年 4 月 30 日，傅某向公司邮寄离职申请表，提出自 2020 年 4 月 30 日解除劳动合同，并自此未回公司上班。后傅某提起劳动仲裁，因公司未在劳动合同到期后与其签订劳动合同，服务期不能替代劳动合同的签署，故要求公司向其支付 2019 年 9 月

---

① 详可参见广东省广州市中级人民法院（2021）粤 01 民终 8815 号民事判决书。

1 日至 2020 年 4 月 30 日期间未订立书面劳动合同二倍工资差额 49389.9 元。

（二）案件结果

1. 一审判决

一审法院认为，关于二倍工资问题，公司在双方订立的劳动合同期限届满后，且双方劳动关系依然存续的情况下，未依法履行与原告续订书面劳动合同之法定义务，故其应承担由此产生的法律后果。因此，根据《中华人民共和国劳动合同法》（以下简称《劳动合同法》）第 82 条之规定，公司应支付傅某 2019 年 10 月 1 日至 2020 年 4 月 30 日期间未订立书面劳动合同二倍工资差额 47497.83 元。

一审判决作出后，公司不服，随即提起上诉。

2. 终审判决

关于二倍工资差额的问题，《中华人民共和国劳动合同法实施条例》（以下简称《劳动合同法实施条例》）第 17 条规定，劳动合同期满，但是用人单位与劳动者依照《劳动合同法》第 22 条的规定约定的服务期尚未到期的，劳动合同应当延续至服务期满；双方另有约定的，从其约定。公司与傅某在 2016 年 9 月 1 日最后一次签订的劳动合同的期限为 2016 年 9 月 1 日至 2019 年 8 月 31 日，双方于 2018 年 11 月 28 日还签订了员工学习叉车作业协议书，并约定服务期为 2019 年 6 月至 2021 年 5 月。傅某在 2019 年 3 月 19 日取得了特种设备作业人员证。根据上述规定，双方书面合同所约定的劳动合同期间应当延续至培训服务协议所约定的服务期满之日，也即至傅某于 2020 年 4 月 30 日解除双方劳动合同为止，双方均仍受 2016 年 9 月 1 日的书面劳动合同约束，该期间应当视为签订了书面劳动合同。故，傅某主张公司应向其支付

2019 年 10 月 1 日至 2020 年 4 月 30 日期间的未签订书面劳动合同二倍工资差额缺乏依据，本院不予支持。

二、以案说法

上述案例的核心争议焦点，即劳动合同期满而服务期未满，公司未续签书面合同，是否需要支付未签劳动合同的二倍工资。

（一）服务期限与劳动合同期限的关联

结合《劳动合同法实施条例》第 17 条的规定，劳动合同期限是劳动者在用人单位的工作期限，而服务期更多是指用人单位和劳动者在劳动合同签订之时或劳动合同履行的过程之中，用人单位为劳动者安排专项培训费用，以及专业技术培训的情况下，劳动者同意为该用人单位工作一定期限并在此期间不得离职的特别约定，实际上也是对劳动者自由择业权的限制期间。因此，两者在法律层面上并非属于同一事项，但确有部分关联。

（二）届满日不一致后的处理

若劳动者的服务期长于劳动合同期限，此时服务期的约定能否视为双方对劳动合同期限的延长从而使得劳动合同顺延至服务期满？对于该问题，目前理论层面有两种观点：第一种观点认为，双方应当重新续签劳动合同期至服务期满；第二种观点则认为，双方书面合同所约定的劳动合同期限应当延续至培训服务协议所约定的服务期满之日，劳动合同已到期但服务协议尚未到期的，该期间应当视为签订了书面劳动合同，故用人单位也就无须支付未签劳动合同的二倍工资。

根据笔者检索的案例来看，目前在司法实践中并未完全统一裁判尺度，仍存在上述两种不同的观点。例如，2019 年度成都法院劳动争议十大典型案例之三：成都市成华区某幼儿园与黄某某劳动争议案件中，成都市中级人民法院坚持第一种观点即服务协议并非劳动合同，培训服务协议与劳动合同系两个不同的法律概念，不应据此认定双方还签订了有书面劳动合同。但除笔者此次引用的广州市中级人民法院的案例外，湖北省宜昌市中级人民法院也曾在（2020）鄂05民终2469号民事判决书中同样坚持第二种观点，即用人单位无须支付未签劳动合同的二倍工资。综上，目前对于此次讨论的劳动合同期满服务期未满，公司未续签书面合同，是否需要支付二倍工资，用人单位是否需要支付未签劳动合同的因地区不同，裁判观点也完全不同。

三、专家建议

虽然目前法律规定，劳动合同期限届满但服务期尚未届满的，劳动合同期限应当延续至服务期满，除非双方另有约定。但法律并未明确规定是否需要双方再行签署书面劳动合同，司法实践中裁判观点仍未统一。因此，笔者认为若后期劳动者和用人单位发生争议，劳动者应尽可能维护自己的合法权益。若的确存在未签署劳动合同的情形，可同步考虑向用人单位主张未签劳动合同的二倍工资，并尽量通过协商的方式妥善解决双方争议，实现自身权利的有效救济。

四、关联法条

《中华人民共和国劳动合同法》第22条、第82条；
《中华人民共和国劳动合同法实施条例》第17条。

可以约定竞业限制的劳动者范围

　　竞业限制是《中华人民共和国劳动合同法》（以下简称《劳动合同法》）的一项重要制度，具体是指用人单位与高级管理人员、高级技术人员和其他负有保密义务的人员约定在解除或终止劳动合同后的一定期限内不得入职与本单位生产或经营同类产品、从事同类业务的有竞争关系的其他用人单位，或者自己开业生产或者经营同类产品、从事同类业务。竞业限制制度的设立，目的是兼顾保护企业知识产权，促进企业创新发展和维护市场公平竞争秩序。司法部门在适用相关法律时，应坚持兼顾和平衡保护企业知识产权与劳动者择业自由权的原则。

一、案例简介[①]

（一）基本案情

　　何某系上海某公司的员工，并担任公司的维护组长职务，具体负责家庭宽带安装运维的相关工作，双方也正常签署了劳动合同。

　　2021年12月6日，何某与公司签署了雇员保密协议及附件一。附件一载明，鉴于其本人在公司从事的职位的性质，将不可避免地接触到公司及公司关联方保密信息，经与公司平等协商，

----

① 详可参见上海市第一中级人民法院（2023）沪01民终5670号民事判决书。

现就其本人在离职后的竞业限制事宜与公司达成如下协议：本人同意，如本附件协议生效，在本人与公司的劳动关系解除或终止后一年（竞业限制期）内，无论有无原因，本人均不能直接或间接地自营或为他人经营竞争业务，均不能直接或间接地受雇于公司或公司关联方竞争对手（不管是全职的或兼职的），并不得直接或间接地从事或实施与公司或公司关联方可能存在竞争的行为。同时，该协议中还就竞业限制的经济补偿以及违约责任等进行了约定。

2022年1月13日，何某因个人原因向公司提交离职申请。当日，公司与其办理离职交接手续，交接内容包含"竞业限制协议的签订及限制时间（2022年1月28日至2023年1月27日）"。

2022年1月29日，公司通过快递向何某出具通知函，载明：你在本公司的最终工作日为2022年1月13日，你与本公司签订的竞业限制条款将于你离职后开始生效，竞业限制区域为上海地区，竞业限制行业为基础电信行业（如为电信、联通、移动及其代理商提供宽带等通信相关业务的劳务服务），限制期限为1年。你如与本公司结束劳动关系后，并在竞业限制期内如到任何新的用人单位任职，应向公司提交本人与上述所有的新用人单位的劳动合同。竞业限制期内的经济补偿金金额为每月2590元。最终，该快递显示未妥投被退回。次日，公司向何某转账2590元，用途显示为"2月竞业限制补偿金"，但何某于次日便将上述款项退还公司。

后，公司以何某存在违反竞业限制协议约定而提起劳动仲裁，要求何某承担违反竞业限制的违约金，并继续履行竞业限制义务，取得了劳动仲裁委的支持。何某不服，认为自己并非适格的竞业限制主体，故在法定时间内向人民法院提起了诉讼。

（二）案件结果

1. 一审判决

一审法院认为，何某作为宽带安装运维人员确难以认定系高级管理人员或高级技术人员，然其作为一线业务人员对基于工作原因所知晓的公司业务内容必然具有保密义务，故公司与何某进行竞业限制约定并未违反法律规定。现何某虽未提供其离职后劳动关系的情况，然其确认工作内容没有变化，显然有违竞业限制约定。根据何某的岗位、在职时的收入情况、违约行为、竞业限制补偿金的支付情况，一审法院酌定何某应当支付公司竞业限制违约金 20000 元。

2. 终审判决

二审法院基于公司在二审过程中就其所称的独创性网格化管理方式经营及公司商业秘密作出的进一步说明认为，对劳动者进行竞业限制，目的在于保护用人单位的商业秘密和与知识产权相关的保密事项，前提则为劳动者负有保密义务。因此，公司应就其具有特定的商业秘密以及何某存在接触该商业秘密的可能进行充分举证。而在本案中，公司所明确的商业秘密大多为公司客户方的商业秘密，或者存在表述过于宽泛而无法明确的情形，故现有证据尚不足以证明何某系"其他负有保密义务的人员"，案涉的竞业限制协议也就因主体不适格而应属无效，何某也无须向公司支付竞业限制违约金。

二、以案说法

上述案例的核心争议焦点，即何某是否符合竞业限制的法定主体资格。很明显，一审法院与二审法院的认定出现了不同，一审法院认为何某虽然不符合高级管理人员或高级技术人员的主体特征，但应当属于"其他负有保密义务的人员"。而二审法院则从公司本身的商业秘密角度出发，经过细致的分析论证得出何某作为一线工作员工而并不属于"其他负有保密义务的人员"的结论。相较之下，二审法院的分析论证更为细致，条理也更为清晰，更符合普通民众对于竞业限制主体的一般认知，判决结果也更具合理性。

根据《劳动合同法》第24条的规定，法定可以约定竞业限制的劳动者仅限于用人单位的高级管理人员、高级技术人员和其他负有保密义务的人员。

（一）高级管理人员

对于高级管理人员，《劳动合同法》并未对其进行概念上的明确界定。但我们可以参考《中华人民共和国公司法》（以下简称《公司法》）第216条第1项的规定，即高级管理人员，是指公司的经理、副经理、财务负责人，上市公司董事会秘书和公司章程规定的其他人员。具体到劳动法领域中，基本可以参照执行，且该定义也与公众对于高级管理人员（俗称"高管"）的合理认知基本一致，一般情况下不会存在较大的争议。需要特别说明的是，根据《公司法》第147条第1款的规定，高级管理人员对于公司本身即负有忠实和勤勉义务，竞业禁止（或称"竞业限制"）义务作为忠实和勤勉义务的衍生义务，自然应当属于高级管理人员的法定义务，该法第148条也对此进行了明确规定，故这一点在司法实践层面已无较大争议。

（二）高级技术人员

对于高级技术人员，《劳动合同法》亦未对其进行概念上的明确界定。然而在司法实践中，极少会对其范围产生较大的争议。从合理性的角度来进行认定，在用人单位的技术部门担任正副职或者能够知悉用人单位经营业务中的核心技术，一般均可以将其认定为高级技术人员。当然，如果还能从薪资标准较高、采取了较多的保密措施等方面进一步进行补强，则该主体资格更容易得到有效的认定。

（三）其他负有保密义务的人员

对于其他负有保密义务的人员，《劳动合同法》仍未对其进行概念上的明确界定，反而在该法第90条中对于劳动者违反劳动合同中约定的保密义务而给用人单位造成的损失应负赔偿责任作了规定，这就导致在司法实践中对于保密义务的性质认定容易产生争议，从而也就会影响"其他负有保密义务的人员"的范围理解。因为绝大部分的公司都会和劳动者签订保密协议，或者在其他书面文件中约定保密义务，那是否就可以直接等同于签署了该书面约定的劳动者本身就符合《劳动合同法》第24条规定的"其他负有保密义务的人员"范畴？我们认为，这个推理是失之偏颇的。

我们认为，基于竞业限制的核心目的是保护用人单位的商业秘密，那么在落实竞业限制时应当将主体范围限制在能够知悉用人单位商业秘密的范围内，否则在逻辑上较难实现自洽，也会导致劳动者自由择业的法定权利受到不当的限制。最高人民法院法院民事审判第一庭编著的《最高人民法院新劳动争议司法解释（一）理解与适用》一书，亦多次明确了一般劳动者作为竞业限制的主体，应当仅限于知悉用人单位商业秘密的劳动者。

三、专家建议

作为劳动者而言，应当时刻保持清晰的风险意识，对于签署的任何协议保持谨慎，仔细确认后再行签署。虽然按照目前的司法环境，若劳动者本身不属于法定的竞业限制主体范围，则实际签署的竞业限制协议可能会被认定为无效。但正如上述案例所体现的一样，是否属于"其他负有保密义务的人员"，这一认定本身就存在一定的自由裁量权，劳动者再行举证推翻已经签署的竞业限制协议，自然而然将会面临较重的举证责任，徒增劳动者的涉诉风险以及败诉风险。

作为用人单位而言，也应当按照相关法律法规的规定，并结合公司的商业秘密范围，从公平公正的角度合理确定签署竞业限制协议的员工主体，切勿滥用自身的管理优势而强令全体员工签署竞业限制协议，以构建和谐稳定的劳动关系。

四、关联法条

《中华人民共和国劳动合同法》第 24 条、第 90 条；

《中华人民共和国公司法》第 147 条、第 148 条、第 216 条；

《中华人民共和国反不正当竞争法》第 9 条；

《最高人民法院关于审理侵犯商业秘密民事案件适用法律若干问题的规定》第 10 条。

确定竞业限制的期限应合法合理

公平合理的竞业限制期限，可以增强劳动者的认可度从而提高劳动者履行的主动性，也能有效保护用人单位的商业秘密不被侵害，还能有效降低用人单位的补偿成本，从而实现用人单位与劳动者的双重权益维护，也是充分践行立法本意的重要体现。然而在实践中，不少用人单位对此缺乏正确的认知，总认为竞业限制的期限越长越好，殊不知法律也会对此作出限制。

为此，无论是用人单位还是劳动者，都应当认真对待竞业限制期限这一问题。特别是劳动者一方，更要进行充分的考虑，方能从事前防控的角度尽量维护自身权益。

一、案例简介①

（一）基本案情

周某于 2005 年 6 月入职北京某公司，担任研发部的技术总监岗位，并于 2016 年 6 月 1 日与公司协商一致解除劳动关系。在周某任职期间，曾于 2014 年 12 月 31 日与公司签订保密协议，甲方为公司，乙方为周某。该协议第 19 条约定，乙方在离职后三年内不得在与甲方生产、经营同类产品或提供同类服务的其他企业、事业单位、社会团体内担任任何职务，包括股东、合伙人、董事、

① 详可参见北京市第一中级人民法院（2017）京 01 民终 5033 号民事判决书。

监事、经理、职员、代理人、顾问等等，也不得生产与甲方同类产品或经营同类业务。然而，双方并未在协议中约定竞业限制补偿金，公司也未能就曾在周某离职后向其支付补偿提供证据予以证明。后双方因竞业限制的期限以及补偿问题发生争议，周某遂向法院提起诉讼，要求确认保密协议第19条无效。

（二）案件结果

1. 一审判决

一审法院认为，根据《中华人民共和国劳动合同法》（以下简称《劳动合同法》）第24条第2款的规定，竞业限制期限不得超过二年。本案中，保密协议第19条约定周某负有竞业限制义务，其中期限未超过两年的协议内容未违反法律的强制性规定，周某作为完全民事行为能力人，理应知悉并需承担其在保密协议中签字而产生的法律后果，故该部分内容真实有效；但超过两年期限的部分因违反上述法律之规定而归于无效，故保密协议第19条中超过两年期限的部分，应属无效。为此，一审法院判决确认周某与公司签订的保密协议第19条中超过两年期限的部分无效。

2. 终审判决

二审法院认为，周某主张因公司未如期发放竞业限制补偿金，故要求确认其与公司签订的保密协议第19条无效，但该理由不属于可以确认协议内容无效的情形。一审法院依据《劳动合同法》第24条第2款之规定，认定保密协议第19条中超过两年期限的部分无效并无不当，本院予以确认，故由此作出了维持原判的最终认定。

二、以案说法

上述案例的核心争议焦点之一，即双方当事人自行约定的三年竞业限制期限的效力认定，根据《劳动合同法》第24条第2款的规定，在解除或者终止劳动合同后，前款规定的人员到与本单位生产或者经营同类产品、从事同类业务的有竞争关系的其他用人单位，或者自己开业生产或者经营同类产品、从事同类业务的竞业限制期限，不得超过二年。为此，法定允许的最长竞业限制期限即为二年，本案中的一审和二审法院也正基于此规定而认定超出二年的期限部分无效。

（一）立法本意

为了更好地理解本条法律规定的立法本意，以及将超出二年的期限部分认定为无效的背后逻辑，我们可以从三个方面进行理解：（1）竞业限制义务会对劳动者的择业自由权和生存权产生较大影响，虽然法律在绝大部分情况下需要充分尊重民事主体在合同订立方面的自由权，但很明显劳动者的择业自由权和生存权在法益体系中至少不比合同自由的位阶低，故应当对劳动者做一些倾斜性的保护；（2）在劳动合同关系中，一般情况下劳动者与用人单位的缔约谈判能力并不均衡，用人单位往往更具谈判优势，为了更好地限制用人单位的先天性谈判优势，就需要从立法层面作酌情考虑；（3）如果不认定超出二年期限部分的竞业限制条款无效，就难以通过其他手段达到《劳动合同法》所追求的将竞业限制期限制在合理范围的立法目的，而二年则为立法时根据国家监管和市场运营的整体情况而综合确定的"合理范围"。

（二）实操注意要点

如果劳动者已经按约履行完毕超过二年期限的竞业限制义务，那么用人单位是否可以引用上述规定而抗辩拒绝支付超过二年期限后的竞业限制补偿？从公平合理角度而言，此时若对劳动者要求支付竞业限制补偿的诉求予以否定，则明显有失公平，故目前的司法实践主流观点也认为应当支持劳动者的诉请。同时,《中华人民共和国民法典》第 157 条中对于民事法律行为无效的法律后果也作了较为明确的规定,亦可酌情佐证上述主流的司法实践观点,除非劳动者存在明显的故意,甚至是恶意。

三、专家建议

遵守法律的强制性规定,是每个民事主体的最低准则要求。既然在立法层面,已经基于我国的市场发展情况,同时兼顾劳动者的自由择业权以及用人单位的商业秘密保护等情况,而明确规定了二年的最长竞业限制期限,故无论是用人单位还是劳动者,均应当予以恪守,而不能再行引用任何理由进行抗辩。

当然,二年仅系法定的最长期限,不代表用人单位与劳动者约定的期限一定要是二年,而是应当在最长期限内,再根据双方的实际情况合理约定最终的竞业限制期限。可参考因素具体包括劳动者的岗位级别、能接触到的商业秘密范围、薪资标准以及用人单位的行业竞争激烈程度、所属行业的更新迭代或发展速度、业务区域特征、竞业限制补偿的成本等,从而在合法合理的范围内协商明确竞业限制的具体期限。

四、关联法条

《中华人民共和国民法典》第 157 条;

《中华人民共和国劳动合同法》第 24 条;

《最高人民法院关于审理劳动争议案件适用法律问题的解释(一)》第 41 条。

劳动者在职期间应负有竞业限制义务

关于劳动者在职期间的竞业限制问题,《中华人民共和国劳动法》(以下简称《劳动法》)、《中华人民共和国劳动合同法》(以下简称《劳动合同法》)及相关的行政法规均无在职期间竞业限制的强制性规定,甚至在绝大部分的地方规定中也未对此进行明确。因此,就在职期间竞业限制而言,似乎可以解读为立法将该事项规定为双方可以约定的内容。

那么,若劳动者在任职期间实施了有违竞业限制的行为,而不对其进行处理,似乎也不甚妥当,用人单位的合法权益保护就无从谈起,法律本身所追求的公平正义就无从体现。

一、案例简介 ①

(一)基本案情

梁某于 2019 年 3 月 18 日入职苏州某公司从事销售工作,并于当年的 12 月 26 日作为乙方与公司(甲方)签订了保密协议。其中对于甲方保密信息的具体范围、乙方的保密义务以及违约责任进行了约定;对于违约责任,表述为"离职后使用 / 在职期间向第三方透露公司内部资料,经过查重相似程度达到 90% 以上,乙方承诺赔偿 50 万元给甲方,甲方保留追究责任的权利"。2020 年

---

① 详可参见苏州市中级人民法院(2021)苏 05 民终 5461 号民事判决书。

4月3日，由梁某提出后双方解除了劳动关系。

然而，后经公司核查发现，梁某在职期间与案外人于2019年10月28日共同出资设立了甲公司，梁某在其中持股49%并担任甲公司的监事，甲公司的经营范围也与公司基本一致，而且甲公司还曾与梁某在职期间所负责对接的客户有过商业合作，可以认定梁某不仅违反了保密协议的约定，还背离了劳动者应当遵守的劳动纪律。故，公司诉至法院，要求梁某支付违约金50万元，并赔偿公司的经济损失12万元。然而，梁某却认为自己在任职期间遵守了保密义务与职业操守，离职后从未向第三方透露公司的保密信息，离职后从事的也是房产中介工作，与公司并非竞争行业，故不认可公司的诉请。

（二）案件结果

1. 一审判决

一审法院认为，"敬业""诚信"均属于社会主义核心价值观的基本内容，是公民的基本道德规范，劳动者在职期间基于"敬业""诚信"，理应履行忠诚义务，未经用人单位许可不得从事与用人单位有竞争性的同类工作或类似工作，这种竞业限制义务无论是否约定即存在。本案中的梁某作为公司的销售人员，必然接触到公司的客户信息等商业秘密，且基于保密协议的约定，更应严格遵守自身忠诚义务，但其在职期间却入股成立竞争公司，违反了在职期间的保密义务与竞业限制义务，应当向公司支付违约金。为此，结合梁某的在职时间、收入情况、行为性质以及公司损失等因素进行综合酌定，判决梁某向公司支付违约金3万元。

2. 终审判决

二审法院认为，梁某在职期间参与设立竞争公司的行为，严重违背了劳动者的基本忠诚义务以及保密义务，一审判决梁某应当承担违约责任以及综合酌定的违约金数额并无不当与不妥，应予维持。

二、以案说法

上述案例的核心争议焦点，即劳动者在职期间是否负有竞业限制的义务。显而易见，虽然现行《劳动法》《劳动合同法》中均无对此的明确规定，但一审和二审判决仍然认可了劳动者在职期间负有当然的竞业限制义务，核心依据则为《劳动法》《劳动合同法》中关于职业道德、诚实守信等原则性规定，并在此基础上结合社会主义核心价值观的基本内容，最终经过分析论证而得出劳动者在职期间负有竞业限制之义务的结论。此外，法学理论也普遍认为，劳动者在职期间的竞业限制义务是基于诚实信用原则而产生的忠实义务的一部分，一般情况下不会影响劳动者的就业和生存权，故作此认定不存在明显不合理的情形。

另外，若劳动者在职期间实际违反了上述竞业限制义务，则同其他违约情形一样，用人单位有权追究劳动者的违约责任，即从支付违约金与赔偿损失中择一进行主张。

（一）支付违约金

用人单位主张支付违约金的前提，是双方对此有过明确的约定，正如上述案例中所体现的内容一样，违约金产生于约定，如果没有约定，则用人单位不能要求劳动者承担违约金，法院亦不能替代当事人而自行酌定违约金。当然，若双方约定的违约金数额明显过高，在目前的司法实践中，法院会酌情考虑适当降低违约金的数额，以实现具体个案中的实质公平。但目前也存在另外一种司法观点，即认为法院应当充分尊重双方的约定而不适宜径行调整双方约定的违约金数额。考虑到我国的违约责任更多系采用"填平"原则，故上述观点暂未成为主流的司法观点。

另外，部分地区对于双方针对违反在职期间竞业限制义务而约定的违约金，持不认可的态度。如，上海地区的部分判例显示，法院认为根据《劳动合同法》第 23 条的规定，此处的违约金系针对劳动关系解除/终止后的违约行为，并非针对违反在职期间竞业限制义务的情形，故若劳动者违反在职期间的竞业限制义务，应当按照《劳动合同法》第 90 条的规定承担赔偿损失的责任，而非支付违约金。

（二）赔偿损失

有别于支付违约金，赔偿损失则不取决于约定，也不可能事先约定，但该责任只能在有损害事实发生后才能产生。为此，用人单位在主张赔偿损失责任时，需要就自身的实际损失以及该损失与劳动者的违约行为之间存在法律上的因果关系承担举证责任。一旦用人单位无法完成上述举证责任，包括但不限于未能提供证据证明自己的损失、主张的损失与劳动者的违约行为之间不具备法律意义上的因果关系等情形，则会面临较大的诉讼请求不被支持的法律风险。且在竞业限制纠纷的案件中，因实际损失的原因中不乏各类商业风险的问题，故用人单位往往较难实际完成直接损失的举证责任。

三、专家建议

诚实守信、爱岗敬业系公民的基础要求，也是社会主义核心价值观的基本内容。劳动者在职期间应当时刻秉持职业原则、遵守职业道德，不从事有违廉洁纪律、利益冲突的活动，尽力构建和谐稳定的劳动关系。

从用人单位的角度来说，也应当考虑到劳动者可能对于法律意识存在认知上的不同，积极做好员工在职期间的职业道德与劳动纪律的培训，不断提高劳动者的法律意识，避免其在不知情、无意识等非恶意的情况下实施了违反在职期间竞业限制义务的行为，也就能尽量降低用人单位的商业秘密被侵害的可能性，从而助力用人单位的长期稳定发展。

四、关联法条

《中华人民共和国民法典》第 583 条、第 585 条；

《中华人民共和国劳动法》第 3 条；

《中华人民共和国劳动合同法》第 3 条、第 23 条、第 90 条。

竞业限制补偿的标准

在现代市场经济中，各经营主体应当在法律允许的范围内诚信经营，公开公平地进行市场竞争，这也是经济法需要保护的核心法益。如果劳动者离职后违反竞业限制义务以及泄露原用人单位的商业秘密，势必会给原用人单位带来重大的经济损失，也损害了公平的市场竞争秩序。虽然经济法领域的《中华人民共和国反不正当竞争法》也明确规定了侵害商业秘密的行为及相应法律责任，但客观而言该方式多为事后救济，很难在事前防控角度给予有效帮助，而竞业限制则可以补上该部分的空缺，进一步降低员工泄密的可能性从而维护原用人单位的商业秘密。

一、案例简介[①]

（一）基本案情

杨某原系上海某公司的员工，双方签订有期限为2015年8月24日至2018年12月31日的劳动合同，约定杨某担任公司首席执行官，年薪为90万元。劳动合同中，甲方为公司，乙方为杨某，双方并未就竞业限制津贴约定具体的金额，但是其中第37条载明"乙方承诺自离职后两年内遵守以下第1、2、3、4条约定：1. 不服务于、被任何人和公司雇佣，开展执行与甲方有竞争的业务明

---

① 详可参见上海市第一中级人民法院（2020）沪01民终1349号民事判决书。

显竞争的企业；2.不直接或间接单独或与他人合作，使用或从事和甲方竞争的产品或业务；3.不拉拢、游说、干预或恳求甲方的客户、甲方雇员离开甲方；4.若乙方违反上述竞业限制约定任一项，应支付甲方违约金伍万元人民币"。

2016年12月20日，公司向杨某出具解除劳动合同通知书，双方劳动关系即日解除，但公司后续并未发放任何竞业津贴。2019年1月20日与2月20日，杨某又通过电子邮件向公司法定代表人主张了竞业限制经济补偿。主张未果后，杨某遂提起劳动仲裁与诉讼，要求公司支付竞业限制的经济补偿金。

（二）案件结果

1.一审判决

一审法院认为，该劳动合同系双方真实意思表示，应属合法有效。劳动合同中明确约定了杨某离职后的竞业限制义务，公司在本案中也未提供证据证明杨某存在违反竞业限制的行为，故应当向杨某支付竞业限制经济补偿。鉴于双方未就支付竞业限制经济补偿的金额作出约定，故根据法律规定，公司应当按照杨某在劳动合同解除前12个月平均工资的30%支付竞业限制经济补偿。

2.终审判决

二审法院认为，一审关于劳动合同中的竞业限制约定真实有效的认定正确，且本案中公司并没有证明杨某违反了竞业限制义务，应当向其支付竞业限制补偿。故，一审根据相应规定作出判决亦正确，应予维持。

二、以案说法

上述案例的核心争议焦点包括两个：其一为杨某是否负有竞业限制义务；其二为公司是否应当向杨某支付竞业限制经济补

偿及其标准。针对第一项争议焦点，虽然公司声称劳动合同系格式合同，但本身不影响其中竞业限制条款的效力，故两审法院均作了有效认定。针对第二项争议焦点，基于双方并未明确约定竞业限制的补偿标准，则依法适用法定标准，即根据当时有效的《最高人民法院关于审理劳动争议案件适用法律若干问题的解释（四）》（注：现已被 2021 年 1 月 1 日起施行的《最高人民法院关于审理劳动争议案件适用法律问题的解释（一）》取代）第 6 条的规定，法定竞业限制经济补偿的每月最低标准为劳动者在劳动合同解除或者终止前 12 个月平均工资的 30%，且目前施行的《最高人民法院关于审理劳动争议案件适用法律问题的解释（一）》第 36 条也原文承继了上述第 6 条的规定。

（一）竞业限制补偿标准的区域化

虽然国家层面通过司法解释的形式，明确规定了离职后竞业限制的最低补偿标准为平均工资的 30%，但正如其他劳动法事项一样，各地的操作惯例还略有不同。

1. 上海

根据《上海市高级人民法院关于适用〈劳动合同法〉若干问题的意见》第 13 条的规定，竞业限制经济补偿的标准为劳动者此前正常工资的 20%—50%；

2. 江苏

根据《江苏省劳动合同条例》第 28 条的规定，竞业限制经济补偿的最低标准为劳动者离开用人单位前 12 个月的月平均工资的三分之一。

3. 深圳

根据《深圳经济特区企业技术秘密保护条例》第 24 条的规定，竞业限制经济补偿的最低标准为该员工离开企业前最后 12 个月月平均工资的二分之一。

为此，各地区的用人单位与劳动者，应当在知悉上述司法解释规定的基础上，再行检索研究当地对于竞业限制经济补偿是否有例外的规定，并按照"就高不就低"的基本原则依法确定竞业限制的经济补偿标准。

（二）竞业限制补偿条款的独立性

实践中，常常会出现劳动者以用人单位未支付竞业限制经济补偿或者支付标准低于法定最低标准为由，抗辩自身不负有竞业限制义务。对于该类抗辩意见，主流司法观点并不持认可态度，主要原因则为竞业限制补偿条款存在明显的独立性。

对此，借用最高人民法院民事审判第一庭编著的《最高人民法院新劳动争议司法解释（一）理解与适用》一书中给出的理由：首先，竞业限制义务是一种不作为义务，劳动者以履行抗辩权为由而拒绝履行竞业限制义务的后果，即劳动者有权利用其掌握的原用人单位的商业秘密从事竞业活动。劳动者一旦利用该商业秘密，往往具有不可挽回性，在不少情形下，会造成原用人单位商业秘密的完全公开化，所以支持劳动者履行抗辩权会导致竞业限制条款的目的难以实现。其次，不支持劳动者履行抗辩权，并不会给劳动者造成不利影响。劳动者完全可以依据相关法律规定要求用人单位补足或者在符合法定情形下单方解除竞业限制条款从而实现自身的权利救济，这对于劳动者而言明显并非过重的负担。

为此，从劳动者的角度出发，在双方已经达成了离职后竞业限制约定的情况下，即使用人单位未支付经济补偿，我们也建议劳动者应当慎重对待竞业限制补偿条款的独立性，切勿径行从事竞业行为，以免面临承担违约责任的极大风险。

（三）竞业限制的解除

1. 用人单位的单方解除

基于竞业限制的核心目的即保护用人单位的商业秘密，故应当允许用人单位对竞业限制享有随时解除权，从而让劳动者能够尽快发挥自身的工作能力优势，为自己和社会创造更有价值的财富。当然，用人单位在享有权利的同时也应当负有义务，根据《最高人民法院关于审理劳动争议案件适用法律问题的解释（一）》第39条的规定，用人单位在单方解除竞业限制协议时，应当向劳动者额外支付三个月的竞业限制经济补偿。

2. 劳动者的单方解除

有别于用人单位，劳动者无法享有随时的单方解除权，其仅在双方约定或者法律明确规定的情况下享有单方解除权，这也符合竞业限制本身的立法目的要求。根据《最高人民法院关于审理劳动争议案件适用法律问题的解释（一）》第38条的规定，因用人单位的原因导致三个月未支付经济补偿的，劳动者有权解除竞业限制协议。这里的"未支付经济补偿"应当作广义理解，即既包括用人单位未支付任何经济补偿，也包括用人单位支付的经济补偿低于最低标准要求。当然，在解除情形发生时，我们也建议劳动者通过书面形式行使自己的单方解除权，竞业限制协议也能自劳动者的通知到达用人单位处时依法解除，除非劳动者所属当地有较为特殊的规定。如根据《浙江省高级人民法院民事审判第一庭、浙江省劳动人事争议仲裁院关于印发〈关于审理劳动争议案件若干问题的解答（三）〉的通知》第2条的规定，即允许劳动者有权在该种情况下通过行为形式行使自己的单方解除权，但该种规定本身并非主流性规定，故建议劳动者还是应当稳妥起见，尽量采用书面通知的形式更为合适。

三、专家建议

公平正义是法律永恒的主题，也是法律追求的价值之一。诚然，用人单位商业秘密保护的法益明显在立法博弈时优于劳动者的自由择业权，但用人单位也不能滥用该种保护优势，而是应当按照国家与所属地方的规定，及时足额地向劳动者支付竞业限制经济补偿，这样也能提高劳动者履行保守商业秘密义务的主动性，以较低的经济成本起到有效保护企业商业秘密不被侵害的积极效果。

四、关联法条

《中华人民共和国民法典》第 137 条、第 565 条、第 566 条；

《最高人民法院关于审理劳动争议案件适用法律问题的解释（一）》第 6 条、第 36 条、第 38 条、第 39 条。

第七章　劳动争议的处理

劳动争议案件约定管辖有效吗

民事纠纷中，尤其是一般的合同纠纷中，法律允许当事方就争议事项的管辖予以预先约定，争议管辖的确定通常与当事人的应诉成本息息相关。当事各方通常会争取在协议中约定对自己更为方便、有利的争议解决方式和管辖地点，这样不仅可以极大地减少自己的应诉成本，包括时间、人力、财力等，在一定程度上还有利于后续生效法律文书的执行事宜。那么在劳动争议案件中，劳动者与用人单位约定劳动争议的解决方式和管辖地点是否有效？

一、案例简介[①]

（一）基本案情

李某于 2015 年 9 月入职北京某劳务公司，并签订 2015 年 9 月至 2018 年 10 月的劳动合同。合同约定月均工资 6200 元，工作地点在山东泰安万达广场写字楼，争议管辖法院为北京市海淀区人民法院。后，劳务公司于 2018 年 2 月单方面解除合同。李某起诉至法院，请求公司支付李某两个半月的经济补偿金共 15500 元。被告劳务公司在提交答辩状期间，向法院提出管辖权异议。

---

① 详可参见中华人民共和国最高人民法院（2020）最高法民辖 24 号民事裁定书。

（二）案件结果

1. 一审法院

山东省泰安市泰山区人民法院认为，劳动争议案件由用人单位所在地或者劳动合同履行地的基层人民法院管辖。双方签订的劳动合同中约定工作地点在泰安万达广场写字楼，泰山区人民法院对本案具有管辖权，遂裁定驳回劳务公司的管辖权异议。

2. 二审法院

泰安市中级人民法院认为，双方签订的劳动合同中约定了争议管辖法院为北京市海淀区人民法院，该约定应认定为有效，故裁定将本案移送北京市海淀区人民法院处理。

3. 最高人民法院

北京市高级人民法院认为，劳动合同具有公法性质和人身附属性，不属于法律规定可以由当事人约定选择管辖法院的案件范畴，劳动合同中约定管辖条款无效。本案被告住所地北京市海淀区和劳动合同履行地山东省泰安市泰山区人民法院对本案均具有管辖权。山东省泰安市泰山区人民法院在对本案有管辖权的情况下，将本案移送至北京市海淀区人民法院错误，遂报请最高人民法院指定管辖。

最高人民法院认为，劳动争议案件涉及的法律关系为用人单位与劳动者之间的劳动关系，具有人身属性，不适用协议管辖的有关规定。本案中，劳动合同所约定的管辖条款无效。泰安市泰山区人民法院作为劳动合同履行地的基层人民法院，海淀区人民法院作为用人单位所在地的基层人民法院，对本案都具有管辖权。两个以上人民法院都有管辖权的诉讼，先立案的人民法院不得将案件移送给另一个有管辖权的人民法院。在李某选择向泰安市泰山区人民法院起诉的情况下，泰安市泰山区人民法院对本案有管辖权，泰安市中级人民法院裁定将本案移送至北京市海淀区人民法院不当,北京市最高人民法院指定本案由山东省泰安市泰山区人民法院管辖。

二、以案说法

本案的争议焦点主要为用人单位与劳动者在劳动合同中约定劳动争议的管辖法院是否有效。

根据《中华人民共和国民事诉讼法》(以下简称《民事诉讼法》)第35条规定,合同或者其他财产权益纠纷的当事人可以书面协议选择被告住所地、合同履行地、合同签订地、原告住所地、标的物所在地等与争议有实际联系的地点的人民法院管辖。而对于劳动争议,根据《最高人民法院关于审理劳动争议案件适用法律问题的解释(一)》第3条规定,劳动争议案件由用人单位所在地或者劳动合同履行地的基层人民法院管辖。劳动合同履行地不明确的,由用人单位所在地的基层人民法院管辖。

由上可知,对于劳动争议案件,用人单位所在地或劳动合同履行地均有管辖权,发生争议时,劳动者有权择一申请仲裁或诉讼。由于在劳动关系中,劳动者一般处于弱势地位,如果约定管辖有效,用人单位很可能会利用协议管辖来给劳动者的维权制造障碍,不利于对劳动者权益的保护。因此,我国《民事诉讼法》规定的协议管辖条款主要适用领域为合同或者其他财产权益纠纷,而劳动纠纷具有一定人身属性,不适用该条款。如果用人单位和劳动者约定管辖条款的,通常情况下此条款无效,需由法院依法确定管辖。

在本案中,劳务公司在与李某的劳动合同中,约定了管辖法院,但是因为该纠纷是劳动合同纠纷,约定管辖被法院认定无效。另外,根据《最高人民法院关于适用〈中华人民共和国民事诉讼法〉的解释》第36条规定,两个以上人民法院都有管辖权的诉讼，先立案的人民法院不得将案件移送给另一个有管辖权的人民法院。人民法院在立案前发现其他有管辖权的人民法院已先立案的，不得重复立案；立案后发现其他有管辖权的人民法院已先立案的，裁定将案件移送给先立案的人民法院。本案中，李某向山东省泰安市泰山区人民法院起诉的情况下，山东省泰安市泰山区人民法院对本案有管辖权，泰安市中级人民法院裁定将本案移送至北京市海淀区人民法院不当。最终被最高人民法院裁定由原具有管辖权的山东省泰安市泰山区人民法院管辖。

三、专家建议

约定管辖的适用领域主要为合同或者其他财产权益纠纷，因身份关系产生的纠纷通常不适用协议确定管辖法院。由于劳动关系具有人身属性，而且劳动者通常处于弱势地位，为了降低劳动者的维权成本，法律明确规定劳动争议的管辖为劳动合同履行地或用人单位所在地的仲裁或法院，以避免用人单位滥用自己的优势地位，损害劳动者的合法权利。用人单位与劳动者产生争议时，应尽量协商解决，确实难以协商的，双方均可以依法向劳动合同履行或用人单位所在地劳动人事争议仲裁委员会申请仲裁，对仲裁结果不认可的，可以依法向法院提起诉讼。

四、关联法条

《中华人民共和国民事诉讼法》第 35 条；

《最高人民法院关于适用〈中华人民共和国民事诉讼法〉的解释》第 36 条；

《最高人民法院关于审理劳动争议案件适用法律问题的解释（一）》第 3 条。

加班费仲裁时效如何认定

为了维护自己的合法权益，越来越多劳动者主动提起劳动仲裁，向用人单位主张加班费。但是通常情况下劳动争议案件的仲裁时效为一年，那么对于一年之前的加班费，员工是否还能继续主张？还能否获得仲裁和法院的支持？

一、案例简介 ①

（一）基本案情

张某于 2016 年 7 月入职某建筑公司从事施工管理工作，2019年 2 月离职。工作期间，张某存在加班情形，但建筑公司未支付其加班费。2019 年 12 月，张某向劳动人事争议仲裁委员会申请仲裁，请求裁决公司依法支付其加班费，公司以张某的请求超过仲裁时效为由抗辩。张某不服仲裁裁决，诉至人民法院。

（二）案件结果

法院认为，加班费属于劳动报酬，相关争议处理中应当适用特别仲裁时效。张某与建筑公司的劳动合同于 2019 年 2 月解除，其支付加班费的请求应自劳动合同解除之日起一年内提出，张某于 2019 年 12 月提出仲裁申请，其请求并未超过仲裁时效。根据

---

① 详可参见人力资源和社会保障部、最高人民法院联合发布的十起第二批劳动人事争议典型案例之十：张某与某建筑公司追索劳动报酬纠纷案——加班费的仲裁时效应当如何认定。

劳动保障监察机构在执法中调取的工资表上的考勤记录，人民法院认定张某存在加班的事实，判决建筑公司支付张某加班费18120元。张某与建筑公司均未提起上诉，一审判决已生效。

二、以案说法

本案的争议焦点是张某关于加班费的请求是否超过仲裁时效。

时效制度是指权利人不行使权利的事实状态持续经过法定期间，其权利即发生效力减损的制度。作为权利行使，尤其是救济权的行使，其时效既与当事人的实体权利密切相关，又与当事人能否通过法定程序实现自身权益息息相关。如果一方的权利超过时效，该项权利将丧失胜诉权，即当对方当事人以我方请求超过时效抗辩的，仲裁和法院将以我方请求已经超过时效而不予支持。

时效一般分为诉讼时效和仲裁时效。由于劳动争议案件仲裁前置的特殊性，所以在劳动争议案件中，主要适用仲裁时效制度。根据《中华人民共和国劳动争议调解仲裁法》（以下简称《劳动争议调解仲裁法》）第27条规定，劳动争议申请仲裁的时效期间为一年。仲裁时效期间从当事人知道或者应当知道其权利被侵害之日起计算。劳动关系存续期间因拖欠劳动报酬发生争议的，劳动者申请仲裁不受本条规定的仲裁时效期间的限制。但是，劳动关系终止的，应当自劳动关系终止之日起一年内提出。

一般而言，仲裁时效分为普通仲裁时效和特殊仲裁时效。普通仲裁时效主要指的是《劳动争议调解仲裁法》第27条前半部分规定的一年仲裁时效。而特殊仲裁时效特指该条款后半部分的规定，即拖欠劳动报酬发生的争议，其仲裁时效不受前述一年的限制，但是该请求应在劳动关系终止后1年内提出。特殊仲裁时效的产生是因劳动关系的特殊性导致的。在劳动关系存续过程中，劳动者通常处于弱势地位，一般不敢轻易向用人单位主张拖欠的或者克扣的劳动报酬，因此法律赋予劳动者离职后一年内主张其在职期间所有劳动报酬的权利。

而根据《关于工资总额组成的规定》第4条规定，加班加点工资属于工资总额的一部分，是劳动者劳动报酬的一种形式。所以，我国大部分地区的劳动者加班费争议均适用特殊时效，不受一年的限制，即劳动者离职后有权主张其在职期间的所有加班费。但是为了化解争议，惩罚"躺在权利上睡觉的人"，法律又要求该请求应在双方劳动关系解除或终止后一年内提出。若未在此时效提出，而对方作出时效抗辩的，其请求一般将难以获得支持。

但是，需要注意，我国部分地区的司法实践中，对于加班费的仲裁时效仍然适用普通时效，如江苏省。因此发生争议时，建议当事各方充分了解当地的相关规定和司法实践口径，充分维护自身权益。

本案中，张某与某建筑公司之间的劳动合同于2019年2月解除，其于2019年12月提出仲裁申请要求公司支付在职期间的加班费，根据规定其请求并未超过仲裁时效。因此，法院最终支持了张某加班费的请求。

三、专家建议

仲裁时效的存在是为了督促权利人积极主动行使自己的权利，惩罚"躺在权利上睡觉的人"。获得劳动报酬权是劳动权益中最基本、最重要的权利，考虑到劳动者在劳动关系存续期间的弱势地位，法律对于拖欠劳动报酬争议设置了特殊仲裁时效，这对于有效保护劳动者权益具有重要意义。对于劳动者而言，法律虽然赋予了追偿劳动报酬的特殊仲裁时效，但是明确要求在劳动关系解除或终止后一年内提出，劳动者应在此期间积极提出；对于用人单位而言，应依法依规支付劳动报酬，不应怀有侥幸心理，主动承担构建和谐稳定劳动关系的社会责任。此外，考虑到我国不同地区劳动司法实践口径存在差异，尤其对于仲裁时效的适用，劳动者与用人单位还需充分了解当地的相关规定和司法裁判口径，提前采取措施，避免因时效问题被驳回诉请。

四、关联法条

《中华人民共和国劳动法》第 44 条；

《中华人民共和国劳动争议调解仲裁法》第 27 条；

《关于工资总额组成的规定》第 4 条。

劳动者主张加班费由谁承担举证责任

在标准工时制度下，职工每日工作不超过 8 小时，每周工作不超过 40 小时，每周至少休 1 天。用人单位若安排劳动者在工作日 8 小时以外、休息日、法定节假日工作的均属于加班，需要依法安排调休或支付加班费。在发生劳动争议后，劳动者主张支付加班费的，根据"谁主张，谁举证"的原则，劳动者应当提供证据证明自己存在加班的事实，但是上下班打卡、工资发放记录等属于用人单位掌握的事项，劳动者往往难以获取原始证据。那么，发生争议时，劳动者提供的证据要达到何种程度才能有效维护自身合法权益呢？

一、案例简介 [①]

（一）基本案情

林某于 2020 年 1 月入职某教育咨询公司，月工资为 6000 元。2020 年 7 月，林某因个人原因提出解除劳动合同，并向劳动人事争议仲裁委员会申请仲裁。林某主张其工作期间每周工作 6 天，并提交了某打卡 APP 打卡记录（显示林某及教育咨询公司均实名认证，林某每周一至周六打卡；每天打卡两次，第一次打卡时间

[①] 详可参见人力资源和社会保障部、最高人民法院联合发布的十起第二批劳动人事争议典型案例之六：林某与某教育咨询公司追索劳动报酬纠纷案——处理加班费争议，如何分配举证责任。

为早 9 时左右，第二次打卡时间为下午 6 时左右；打卡地点均为教育咨询公司所在位置，存在个别日期未打卡情形）、工资支付记录打印件（显示曾因事假扣发工资，扣发日期及天数与打卡记录一致，未显示加班费支付情况）。教育咨询公司不认可上述证据的真实性，主张林某每周工作 5 天，但未提交考勤记录、工资支付记录。

（二）案件结果

仲裁委认为，虽然林某提交的工资支付记录为打印件，但与实名认证的 APP 打卡记录互相印证，能够证明教育咨询公司掌握加班事实存在的证据。教育咨询公司虽然不认可上述证据的真实性，但未提交反证或者作出合理解释，应承担不利后果。遂依法裁决教育咨询公司支付林某加班费 10000 元。该裁决为终局裁决。

二、以案说法

本案的争议焦点是如何分配林某与某教育咨询公司针对加班费的举证责任。

（一）举证责任分配的总原则

在一般的诉讼案件中，根据《最高人民法院关于适用〈中华人民共和国民事诉讼法〉的解释》第 91 条规定，法院通常按照"谁主张、谁举证"的原则进行举证责任分配。如主张法律关系存在的当事人，应当对产生该法律关系的基本事实承担举证证明责任；主张法律关系变更、消灭或者权利受到妨害的当事人，应当对该法律关系变更、消灭或者权利受到妨害的基本事实承担举证证明责任。如果负有举证责任的一方不能承担举证责任的，将承担不利后果。

（二）劳动争议中常见的举证责任分配

在劳动争议案件中，考虑到劳动关系中劳动者处于被管理者的地位，可以获得并掌握的证据有限，所以《劳动争议调解仲裁法》第6条明确规定，发生劳动争议，当事人对自己提出的主张，有责任提供证据，但是与争议事项有关的证据属于用人单位掌握管理的，用人单位应当提供，用人单位不提供的，应当承担不利后果。

《最高人民法院关于审理劳动争议案件适用法律问题的解释（一）》第42条规定，劳动者主张加班费的，应当就加班事实的存在承担举证责任。但劳动者有证据证明用人单位掌握加班事实存在的证据，用人单位不提供的，由用人单位承担不利后果。第44条规定，因用人单位作出的开除、除名、辞退、解除劳动合同、减少劳动报酬、计算劳动者工作年限等决定而发生的劳动争议，用人单位负举证责任。

从上述条款可知，劳动争议中，大部分请求的举证责任被法律规定为由用人单位承担，比如开除、除名、辞退、解除劳动合同、减少劳动报酬、计算劳动者工作年限等争议事项，但是针对加班费，法律将初步举证责任分配于劳动者一方，劳动者需要举证证明其存在加班的事实。但是考虑到劳动者举证的困难，因此法律只要求劳动者提出初步的有效证据证明其存在加班的事实即完成了举证责任。此时，举证责任转移至用人单位处，若用人单位拒不提供证据或无法推翻劳动者的证据的，应承担不利后果。

本案中，林某提交了工资支付记录和考勤打卡记录，两者相互印证，已经初步证明林某一周上班6天且单位没有支付过加班费的事实。教育咨询公司虽然不认可上述证据的真实性，但未提交反证或者作出合理解释，应承担不利后果。故仲裁委员会依法裁决某教育咨询公司支付林某加班费。

三、专家建议

我国劳动法律将保护劳动者的合法权益作为立法宗旨之一，在实体和程序方面都作出了相应规定。在劳动争议案件的部分请求事项中，充分考虑了劳动者处于被管理方举证能力不足的实际情况，将举证责任分配给用人单位，有利于劳动者维护自己的合法权益。而针对加班费争议案件中，为了合理平衡用人单位的举证压力，防止劳动者滥用此权利，法律将初步举证责任分配给劳动者方，劳动者需要就加班事实的存在提供证据，或者就相关证据属于用人单位掌握管理提供证据。用人单位应当提供而不提供有关证据的，则推定劳动者加班事实存在。因此，发生争议时，各方应明确自己的举证责任，积极充分举证，避免因举证不能承担不利后果。

四、关联法条

《最高人民法院关于适用〈中华人民共和国民事诉讼法〉的解释》第 91 条；

《中华人民共和国劳动争议调解仲裁法》第 6 条；

《最高人民法院关于审理劳动争议案件适用法律问题的解释（一）》第 42 条、第 44 条。

劳动合同解除原因存在争议
由谁承担举证责任

当用人单位和劳动者因劳动合同解除陷入纠纷时，劳动合同解除原因、合法性的证明责任由谁承担变成了审理劳动争议的重要内容。因为举证不能者将承担不利的法律后果，所以法律责任归属变成了一场权益之争。究竟谁有责任证明劳动合同解除的原因以及合法性？这不仅是一个法律问题，更涉及劳动者的职场权益，关系到整个职场的公平与公正。

一、案例简介[①]

（一）基本案情

陈某于 2012 年 10 月入职某药品经营公司，被派往武汉市硚口区某专柜，担任营业员，双方签订了期限为 2012 年 10 月 19 日起至 2015 年 12 月 31 日止的劳动合同。2014 年 11 月 24 日，药品经营公司撤销武汉市硚口区专柜，陈某即回家待岗。2015 年 2 月 12 日，陈某生育一子。2015 年 2 月至 2015 年 6 月期间，药品经营公司向陈某支付工资（含社会保险及公积金个人部分）共计 9312.54 元。2015 年 6 月后，公司停止发放工资。在陈某在职期

---

① 详可参见湖北省武汉市硚口区人民法院（2016）鄂 0104 民初 2337 号民事判决书。

间，药品经营公司委托某营销顾问公司为陈某缴纳社会保险，该公司亦只为陈某缴纳社会保险费至 2015 年 6 月，后随即停缴。陈某生育后，生育保险基金向被告——某营销顾问有限公司支付了生育津贴 18291.20 元。该款于 2016 年 4 月 13 日由药品经营公司扣除生育期间支付的工资后，将其余款项通过银行转账给陈某。陈某认为，药品经营公司在其处于待工及"三期"期间，违法解除劳动关系；药品经营公司认为，社保停缴的时间，不能证明劳动合同解除的原因，劳动合同的解除原因是陈某个人辞职。经仲裁前置程序后，陈某诉至法院要求确认与药品经营公司 2012 年 10 月 19 日至 2015 年 6 月期间存在劳动关系，支付违法解除劳动合同赔偿金等请求。

（二）案件结果

法院认为，陈某于 2012 年 10 月 19 日入职某药品经营公司并签订劳动合同。2015 年 6 月，药品经营公司未再向陈某支付工资并停缴社会保险，由此可知公司以其行为解除了双方间的劳动关系。药品经营公司辩称陈某系个人原因离职，但未能举证予以证实，因此对其不支付陈某经济赔偿金的诉请，本院不予支持。遂判决确认陈某与药品经营公司自 2012 年 10 月 19 日至 2015 年 6 月期间存在劳动关系，药品经营公司支付被告陈某解除劳动关系的赔偿金。

二、以案说法

本案的争议焦点之一是劳动者与用人单位对解除劳动合同的原因出现争议时，应当谁承担举证责任。

根据《最高人民法院关于审理劳动争议案件适用法律问题的解释（一）》第 44 条的规定："因用人单位作出的开除、除名、辞退、解除劳动合同、减少劳动报酬、计算劳动者工作年限等决定而发生的劳动争议，用人单位负举证责任。"所以，用人单位在作出单方解除劳动合同的决定后，应当对此承担举证责任。但是本案的特殊之处在于，药品经营公司并未作出明确的单方解除决定，而是作出了安排待岗、停发工资、停止缴纳社保等一系列管理行为。对于此类行为是否可以作为用人单位单方解除劳动合同的意思表示，法院通过对举证责任的分配对此予以了明确。

本案中，药品经营公司主张停发工资、停缴社保只能证明薪资发放时间和社保缴纳时间，不能证明双方劳动合同解除的原因，双方劳动合同并未解除。公司主张的解除劳动合同的原因是系陈某个人原因辞职，但是公司未提供充分的证据，最终法院认定公司停发工资、停缴社保的行为属于用行为表达了解除劳动合同的意思表示。

用人单位在与劳动者建立劳动关系后，为维持劳动关系的稳定性和保护劳动者权益，法律对用人单位的单方解除权作出限制，只有符合法定条件的情况下才能解除，以防止用人单位滥用解除权。而用人单位可以解除劳动合同的法定情形，详见于《中华人民共和国劳动合同法》（以下简称《劳动法》）第 39 条、第 40 条、第 41 条。

其中，该法第 39 条的解除理由主要是由于劳动者存在过失，法律赋予单位单方解除的权利，包括：（1）在试用期间被证明不符合录用条件的；（2）严重违反用人单位的规章制度的；（3）严重失职，营私舞弊，给用人单位造成重大损害的；（4）劳动者同时与其他用人单位建立劳动关系，对完成本单位的工作任务造成严重影响，或者经用人单位提出，拒不改正的；（5）因欺诈、胁迫或者乘人之危导致劳动合同无效的；（6）劳动者被依法追究刑事责任的；

等。第 40 条为非因劳动者过失导致的用人单位可以解除的情形，主要包括：(1)劳动者患病或者非因工负伤，在规定的医疗期满后不能从事原工作，也不能从事由用人单位另行安排的工作的；(2)劳动者不能胜任工作，经过培训或者调整工作岗位，仍不能胜任工作的；(3)劳动合同订立时所依据的客观情况发生重大变化，致使劳动合同无法履行，经用人单位与劳动者协商，未能就变更劳动合同内容达成协议的。第 41 条主要是用人单位原因，在经营管理困难等需要依法进行经济性裁员的情况下，可以单方解除劳动合同。

而为了防止用人单位滥用以上单方解除的权利，保护特殊劳动者的合法权益，《劳动合同法》第 42 条明确规定了即便用人单位或劳动者出现上述第 40 条和第 41 条规定的情形，用人单位也不能以此为由单方解除，具体人员包括：(1)从事接触职业病危害作业的劳动者未进行离岗前职业健康检查，或者疑似职业病病人在诊断或者医学观察期；(2)在本单位患职业病或者因工负伤并被确认丧失或者部分丧失劳动能力；(3)患病或者非因工负伤，在规定的医疗期内；(4)女职工在孕期、产期、哺乳期的；(5)在本单位连续工作满 15 年，且距法定退休年龄不足 5 年的。

本案中，陈某被停发工资、停缴社保时正处于哺乳期，按照上述第 42 条规定，应该受到特殊保护，用人单位不能依据第 40 条和第 41 条的规定解除劳动合同。现公司在未提前告知陈某并与之协商的前提下，直接停发陈某的工资并停止为其缴纳社会保险，该行为被认定为单方无故解除的意思表示，最终被法院认定为违法。

三、专家建议

通常，劳动关系的解除需要一方有明确的意思表示，但是劳动关系具有一定人身隶属性和经济隶属性，在用人单位通过各种行为（如安排员工脱离工作岗位、停发工资、停缴社保等）消除双方的隶属性后，双方是否还存在劳动关系，实践中存在争议。为了避免被认定无故解除劳动合同而被判定为违法，用人单位在解除劳动合同时应明确解除的意思表示，尽量作出书面的解除决定并且载明解除理由和依据。而对劳动者而言，为了维护自己的合法权益，在用人单位未作出解除决定但是有明显的解除劳动合同行为时，可以积极与用人单位沟通，并通过合理手段维护自己的合法权益。

四、关联法条

《中华人民共和国劳动合同法》第 39 条、第 40 条、第 41 条、第 42 条、第 50 条；

《最高人民法院关于审理劳动争议案件适用法律问题的解释（一）》第 44 条。

庭外达成的和解协议有效吗

司法是维护社会公平正义的最后一道防线，一旦进入仲裁、诉讼中，双方所处地位在一定程度上会增加彼此之间的对立和抗拒情绪，而在劳动争议中，劳动者与用人单位之间的过分对抗将可能导致不和谐的用工关系，影响社会和谐稳定。所以发生争议时，法律提倡劳动者和用人单位能通过友好协商的方式解决纠纷。那么发生争议后，双方在仲裁庭或法庭之外达成的和解协议是否有效？

一、案例简介 ①

（一）基本案情

王某与某技术有限公司于 2015 年 6 月 2 日签订无固定期限劳动合同，担任大中国区总经理。2016 年 10 月 8 日，技术有限公司作出解除劳动合同通知，王某工作至当日。随后，王某向劳动人事争议仲裁委员会申请仲裁，请求撤销解除劳动合同通知书，继续履行劳动合同。该仲裁委于 2017 年 1 月 19 日作出裁决支持了王某的申请请求。公司不服裁决，遂于 2017 年 2 月 21 日向法院提起诉讼。2017 年 3 月 2 日，双方庭外和解达成协议，约定双方劳动合同已经于 2016 年 10 月 8 日解除，公司同意支付王

---

① 详可参见北京市朝阳区人民法院（2018）京 03 民终 9543 号民事判决书。

某 817497 元（含有甲方劳动合同项下和法律规定项下甲方就乙方辞职应当向乙方支付的任何和所有款项），王某同意公司将依照税法的规定代扣代缴相应的个人所得税，双方同意王某在收到上述款项后双方之间的任何和所有的债权债务均告清结。协议签订后，公司撤回起诉，且向王某支付了该笔款项，但是支付时候扣缴了 6 万多元的税款。王某认为公司未按照约定执行，向法院申请强制执行仲裁裁决。公司遂提出执行异议，执行被中止。后公司向仲裁委员会提起仲裁申请，要求确认双方签订的协议合法有效。仲裁委不予受理，公司遂起诉至法院。

（二）案件结果

1. 一审判决

一审法院认为，双方发生劳动争议后经过劳动仲裁程序，在诉讼期间自行达成庭外和解协议，符合法律规定，是双方当事人对劳动关系处理意见的真实意思表示，该协议合法有效。协议一经签订，即代表双方已就不再执行仲裁裁决结果达成一致意见。双方在协议中对于劳动关系解除达成合意，确认劳动关系解除时间，就解除时公司向王某支付的款项金额亦达成一致，并确认了双方权利义务。双方均应按协议约定履行各自义务。遂判决确认技术有限公司与王某于 2017 年 3 月 2 日签订的协议合法有效。

2. 终审判决

二审法院认为，本案中，双方发生劳动争议后经过劳动仲裁，在法院诉讼期间双方达成庭外和解协议，和解协议系双方当事人基于劳动仲裁裁决的处理结果对各自权利义务安排的真实意思表示，且未违反国家法律、法规的强制性规定，王某亦未提交充分证据证明和解协议存在法律规定的合同无效的情形，故王某以和解协议不具有强制执行力为由主张其无效于法无据，本院不予支持，遂判决驳回上诉，维持原判。本判决为终审判决。

二、以案说法

本案的争议焦点是公司与王某在 2017 年 3 月 2 日达成的庭外和解协议是否合法有效。

和解是指劳动争议的双方进行协商。协商是指用人单位与劳动者在自愿、平等的基础上进行磋商和谈判，争取达成共识的一种纠纷解决方式。用人单位与劳动者发生劳动争议时，通常会先与劳动者进行沟通和协商。协商虽不是解决劳动争议的必经程序，但其在实践中最为常见，具有高效便捷、成本低、效果好等优势。

根据《企业劳动争议协商调解规定》第 11 条规定，用人单位与劳动者进行协商，双方就劳动争议的处理与解决达成一致的，应当签订书面和解协议。合法有效的和解协议对双方当事人具有约束力，用人单位应当按照和解协议约定的内容履行义务。同时合法有效的和解协议，可以作为劳动仲裁或诉讼的证据使用。

另外，根据《最高人民法院关于审理劳动争议案件适用法律问题的解释（一）》第 35 条的规定："劳动者与用人单位就解除或者终止劳动合同办理相关手续、支付工资报酬、加班费、经济补偿或者赔偿金等达成的协议，不违反法律、行政法规的强制性规定，且不存在欺诈、胁迫或者乘人之危情形的，应当认定有效。前款协议存在重大误解或者显失公平情形，当事人请求撤销的，人民法院应予支持。"所以，在发生劳动纠纷时，用人单位与劳动者之间并非只能通过司法途径解决纠纷，双方可以先就争议事项友好协商，在自愿平等的基础上达成和解协议。如果双方在和解协议中约定的事项既不违反公序良俗，也不违反法律、行政法规规定的禁止性事项，那么该份和解协议就可以作为一份合法有效的合同，受到法律保护。

本案中，王某与公司之间因解除劳动合同关系发生争议，王某随即向仲裁委申请仲裁，由此可见双方在发生争议后并未在第一时间选择达成和解，而是启动了劳动仲裁程序。在公司对仲裁裁决不服并向法院提起诉讼的情况下，该仲裁裁决对王某和公司均不发生法律效力。公司与王某均具备完全民事行为能力，双方之间在经过仲裁裁决后于2017年3月2日达成的庭外和解协议均出于双方之间真实的意思表示，因此双方应当秉持诚实守信原则，按照约定各自善意履行自己的义务。在公司已经向王某部分履行给付义务即支付了赔偿金后，王某如果向法院起诉主张该份和解协议无效，则需要提供证据证明双方在达成和解协议时存在重大误解的情况，或协议内容存在明显不公平的情况。因此，在王某不能提供证据证明上述情况时，即该份协议不存在重大误解和显失公平，协议合法有效，双方应当善意履行。

三、专家建议

在职场中，劳动者与用人单位之间存在天然的不平等关系，因此就解除劳动合同发生劳动纠纷后，立法的天平是倾向保护劳动者权益的，但是这并不意味着劳动者只能通过司法程序解决问题。实践中，我国民事争议案件仍处于高度积压的状态，尤其是法院诉讼压力较大，通过诉讼解决纠纷效率较低，时间成本大。因此，劳动者与用人单位协商达成和解，并签订书面协议是解决纠纷的较好途径之一。在和解协议生效后，双方均应当秉持诚实信用原则，积极履行协议义务。

四、关联法条

《企业劳动争议协商调解规定》第 11 条；

《最高人民法院关于审理劳动争议案件适用法律问题的解释
（一）》第 16 条、第 35 条；

《劳动争议调解仲裁法》第 5 条。